「子ども力」をひきだす学校づくり

いじめ、不登校も必ず解決できる

小部　修
OBE Osamu

せせらぎ出版

目次

第2章　いじめ・不登校問題についての検証

第3章　部活、スポーツ、体罰について＝自主性、人間関係づくり

第5章　いま学校では？＝教員の長時間労働・同僚性・中途退職など

第10章　小学校、高校の実践

はじめに

「子ども力」とは

２０１８年度のいじめ認知件数（小中高）が、過去最多の約54万4千件となりました（２０１９年10月17日、文科省）。また、厚労省・警察庁の発表では、高校生以下の自殺者数も、いじめだけが原因とは言えませんが、前年度２０１７年より82人も増えて３３２人になり、ほぼ毎日のように、自らの命を絶っていることになります。

このように、子どもたちの「しんどさ」や「つらさ」、何かを訴える眼差しに出逢うとき、まずその「現場」にいる教師、そして大人・社会が、この状況に躊躇し、あきらめや絶望をしないことです。むしろ同じ社会にともに生きる「同志」として、今こそ子どもたちと共感し、連帯のアクションを起こそうではありませんか。

また一方、最近の痛ましい事故・事件を見ても、個々の当事者が負うべきことの大きさは計り知れないものがありますが、もう少し広い視野で見た時、「子どもが見えにくく」

させられている状況も否めません。したがって私たちは、子どもたちが示す様々な事象を「現代社会への警鐘」と捉え、歴史的な視野で現代社会の状況を捉え、具体的にどうとりくめばいいのかを考える必要があります。

本書で紹介した多くの事例からもわかるように、普段は見えないけれど、子どもは秘められたすばらしいエネルギーを内蔵しているし、それがひきだされた時には、感動的な躍動があることを何度も経験してきました。そのような不思議な力を、私は「子ども力」と表現することにしました。

今こそ子どもたちの〝心の叫び〟と真正面から向き合い、そのパワーと可能性＝「子ども力」をひきだすため、親、教師、学校、地域、社会が力を合わせ、前向きにかつ大胆に、やれることからやっていこうではありませんか。

本書では、そんな子どもたちの自主的・主体的なとりくみや、「生の声」もふんだんに紹介しながら、具体的で論理的・実践的に説き明かしていきたいと思います。

第1章

いじめについて

1、A君の体験 ―地獄の中学3年間

前述のように、いじめ事件については、ここ十数年来の携帯電話やラインなどSNS（Social Network Service）の普及によって、より見えにくく「陰湿化」しています。そして子どもたちだけでなく、まわりの大人（保護者、教師など）も、大きな不安や恐怖感を抱いています。

一方、大学での私の授業（教職課程）で、この問題を取りあげ議論をしたあと、受講生Aくんが「みんなにぜひ知ってほしい」と、自らの中学校時代の体験を語り、書いてくれました。

Aくんの文

中学校3年間にわたるいじめの体験は、僕にとって6年たった今も、決して消え去ることのない苦しい思い出です。

いじめが始まったのは、中学1年生の6月のことでした。僕は、どちらかというと、人前では無口で、活発という方ではありませんでした。ある日、小学校からいっしょだった友人の家に招かれ、皆で話をしていた時、突然一人が言いました

「おいA！　エロ本見したるわ。その代り、ズボン脱げや！」

もちろん断りましたが、友人たちの「ノリ悪いなー！」という言葉に、僕はズボンを脱ぎました。

その頃の僕はあまり友達がおらず、人にきらわれることを恐れていたのです。「ノリが悪い」は、その頃の僕には「お前とは友達でいたくない」に聞こえていた気がします。

その直後です。いきなり一人が僕のパンツを脱がし、皆がこぞって、携帯で動画を撮り始めました。その部屋には全部で7人いたんで、抵抗する術《すべ》などありませんでした。

次の日、学校に行くと、みんなの僕を見る目が一変していたのです。

初めは、野球部の部室や小さなグループなどで広がり、その規模はだんだん大きくなり、最後には男子、もちろん女子も含め、学校全体の生徒に映像が回っていったのです。そしてその「おもしろおかしい動画」は多くの生徒の携帯の中へと入っていきました。

誰も僕と話そうとしませんし、その映像を持っている人は僕に近づこうとしません。「僕

だって、いじめられたくないねん。ごめんな」。そんな目をした生徒もいたような気がします。話しかけてくるのは、僕をからかい、なぐりに来る奴らばかりでした。

中学生には、事の重大性がわからないようです。その画像を手にし、「なあ、この画像、見たで！　すんごいなー！」と目を輝かせて言って来るのです。怒りと悲しみでその携帯を放り投げては、その子に平謝り。またその子の親にも弁解し謝り続けました。説明する勇気などありませんから。

これが、このいじめの第一段階でした。

次の段階では、この画像は、僕の「弱み」としてフルに活用されました。

「ばらされたくなかったら、ああしろ、こうしろ！」という脅しです。

また、廊下ですれちがう際に、習慣のように、肩パン（肩を肘で思い切り叩く）をふるう。これも、僕が言い返せないのを知っているからです。それが、3年間、ずーっと続きました。

ちなみに、一年ごとに入ってくる後輩たちにも、その画像と動画は回されました。誰が知っているのか、誰が知らないのかもわからないので、すごく窮屈な生活を送っていました。何度か死ぬことも考えましたが、その勇気がなかったのは、不幸中の幸いです。

また親にも、先生にも言えませんでした。「チクったな！」。この言葉が、中学生にとってどれだけ恐ろしい言葉なのかを大人は知っておかなければなりません。早くいじめをなくしたいのに、それをぶり返すような行動は決してできるものではありません。僕のいじめがなくなったのは、高校に行き、地元から遠く離れてからのことでした。ここまでが、僕のいじめの概要です。

さて、僕が教師の方々に求めていたものは、「気づいてくれること」と、「味方を増やしてくれること」です。

まず、「気づいてくれること」

先ほども書いたように、生徒は絶対に、先生にいじめの事実を話すことができません。先生に話したことがばれたら、またさらにいじめがひどくなると思うからです。子どもたちは、先生に見つからず、いじめを遂行する術を知っています。信じられないかもしれませんが、「先生の通らない道」、「他の生徒が来ない道」、また、「先生のタイムスケジュール」まで計画に入れているのです。それを逆手にとって行動しないと、僕から言わせれば、いじめが見つからないのは当たり前なのです。

もうひとつは、「孤独にさせないこと」

ほとんどの生徒は、「傍観者」です。その傍観者が、いじめられっ子から距離をとってしまうと、彼らは孤独になり、「学校に行くのが楽しくなくなる」のです。友達も、頼れる人もいなくなると、その生徒の逃げ場がなくなってしまうということです。

最近は、母子家庭なども増えていて、親に心配をかけたくないため話ができない子も多くいるので、友達のできやすい環境をつくってあげる。また、少なくとも先生が味方でいてあげることで、心境的には大きく変わります。今回、授業の時にも少し言いましたが、いじめられっ子にとって、心の逃げ道の相談者がいるといない、すなわち「ゼロと1」は大きくちがうのです。

また、その胸の内をさらけ出せる大人がいないというのは、つらいことです。その生徒にとって、いじめがなくなる目途が立たないのはただの絶望なのですから。

最後に、先生方に言いたいことがあります。

「いじめに常にアンテナを張っている」だけでは不十分なのです。そのアンテナを、「どう張るか」、「どこに張るか」なのです。いじめっ子目線でいじめをいち早く察知してください。そして、いじめられっ子と同じ土俵でいっしょに戦ってあげてください。お願いします。

2、Aくんの体験から＝「ゼロと1」のちがい

中学校に入学して間もなくこのような状況になったA君は、その後の3年間をどういう思いで過ごしたのかは察するにあまりあります。

同級生には、男女を問わずまたたく間に画像や動画が携帯電話で次々と回され、みんなの好奇の目が突き刺さり、彼が書いていたように、中にはすれちがいざまに、グーのげんこつや肘で肩を強く殴られたりしたのです。

また、2年生になったら、下級生の1年生にも回され、時には卒業生や塾の他校生からも言われたこともあったそうです。そして2年生の2学期になって気づいた母親が、泣きながら「先生に言おうか？」と言われた時も、さらなる事態の悪化を恐れ、「がんばるから絶対に言わんといて！」と彼は言ったそうです。そして何度となく自殺を考えたが、それでも家族には心配をかけまいと、卒業までほとんど欠席もしないでがんばり続けました。

そんな彼が言いました。先ほどの文中にもあるように、「ゼロと1」のちがいは大きい。実は、彼のそばに一人だけ、いつもついていてくれていた友人Bくんがいたのです。

そのBくんとは、その後もつきあいがあったそうです。卒業後5年たった成人式で、事件当時の同級生仲間が集まった時のことです。あの映像を拡散した何人かが、「あの時はおもろかったよなー！」と笑い話にした時、BくんはA君の気持ちを察知し、そっと「もうこんなとこにおらんと帰ろ！」と言って成人式を二人で抜け、お茶をしに行ったそうです。

A君は、今でも「メール」とか「動画」などの言葉を聴いただけでドキッとするそうです。

なお、中学校での3年間で、その件について知り、彼に声をかけたりなんらかの対応をしてくれた教師は残念ながら一人もいなかったそうです。でも、それで教師を責めることができないくらい、今のいじめは「見えにくく」なっているのです。

3、クラスづくりの実践的検証

商社マンから「極限状態」の中学校へ

ところで私は大卒後2年間勤めた貿易商社を退職し、東大阪市立K中学校に英語科常勤講師として赴任しました。そこは1学年が11クラスある大規模校で、当時全国的に吹き荒れていた「学校荒廃」の中でも、おそらく有数の荒れ方でした。学校中のガラスが毎日のように割られ、ガラス屋さんも「やりがいがない」と言って、修理に来てくれなくなり、その結果自分たちで段ボールやベニヤ板、トタン板などで応急処置。また対教師暴力（暴行傷害）も絶えず、その後心身ともに極限状態の中での教員の休職、退職が相次いだのです。

その時の集団づくり（クラス、学年、学校）の体験が、その後の私の教師生活の支えともなったので、まずその頃の「非行」の一端を紹介します。

当時のK中における「荒廃・非行」の一端

5月11日　Bらが Y先生（女性）を殴る

14日　Cが親に叱られ家出

15日　B、D、Nが授業エスケープ、その後エスケープが広がる

16日　Dが他生徒をかつあげ。M、近所の釣り堀の鯉を殺す。Dら4人が教室で暴れる

18日　Dが1の2の掲示物を、ナイフでズタズタに切り裂く。Nが1年生からかつあげ

23日　S（私の担任の男子）がB先生を殴る（気絶→病院に搬送）

24日　D、N、Lらが、職員室隣の会議室を占拠、喫煙

27日　S、Yらが教師を殴る

28日　D、L、Bらが教室で集団喫煙

29日　S、D、Bらが会議室を占拠。R先生のハンドバッグから3万円を盗む（この頃から、教師が疲労困ぱいし、欠勤が増え自習時間が増え、授業が不成立）

30日　S、飲酒の上、K先生を殴る

6月2日　LがB君を殴り、その仕返しにSがLを殴る
　　　　校長室の冷蔵庫の飲み物30本を飲む
10日　午前中で授業を打ち切り、午後から緊急職員会議
11日　T先生、生徒に殴られ入院。全治3週間
12日　D、N、L、Sらが他校生を恐喝、警察に連行、留置
13日　昨日に続き、警察で取り調べ
14日　職員会議（対策会議、終始重苦しい雰囲気）
18日　Sらが、U先生よりかつあげ
22日　Sらが、再びU先生よりかつあげ
29日　40代男性体育N先生、限界を感じ、年度途中退職
7月2日　20代女性のN先生欠勤。他の教員数名と家庭訪問し慰留を説得
4日　S、Dらを、N先生宅に謝りに行かせる
13日　電車で映画鑑賞に行く途中、Sが電車の窓ガラスを割る
15日　A、D、Sらが、職員室にあった教師用の仕出し弁当十数個を教室に持って
行き、みんなで食べる（その後、仕出し弁当の持ち去りが頻発。そのため昼食抜

きの教師が増える）

※その後も、保健室で女性教員を強姦

以下略。

4、「超中学級」Sくんの担任に

班活動、班ノートとの出会い

そんな中、「非行グループ」の中でも圧倒的な「ボス的存在」で、次年度に3年生になるSくんの担任が決まらず、やむなく常勤講師という「イレギュラーな形」で、新年度からSくんのいる3年6組の担任を受け持つことになりました。

さて新学年が始まり、初めて担任となったものの、私は商社マンあがりで、元々教員志望ではなかったこともあり、本当にとまどい悩みました。そして1ヵ月ほどたった頃に考えついたのが、ある研究会で知った「班活動」の実践だったのです。

しかし、それをどう実践すればいいのかわからなかったので、とにかくクラスの学級役員や班長たちと相談しながら、手さぐりで進めて行きました。

そして、まず私からは、次のような要望（目標）をクラスのみんなに示しました。

①37人はすべてクラスの一員
②どんな小さな問題でもあいまいにせず、表面的に見ない
③問題の当事者の身になって考える
④不満や要望は、はっきりと堂々と言う
⑤人からの批判は謙虚に聞き、誤りは素直に認め改める

しかし、「極限の荒廃」状態で、子ども、親、教師がお互いの不満、疲労から相互不信が渦巻く中、そうはうまくいくわけがありません。

そこで、次に思いついたのが、その後担任したクラスでも、毎回いじめ・不登校が完全になくなり、ほんとに頼もしくておもしろい生徒集団づくりができた最高のツール「班ノート」のとりくみでした。

その一端を、その3年6組の子どもたちが書いた班ノートから、いくつかを紹介します。

Tくん（10月15日）

班活動をして、どんな成果があったか？　まず僕は、何事に対しても考える、ということを知った。ひと口に「考える」と言うが、これはとても難しいことであり、また尊いことだとも思う。

たとえばこの班ノートにしても、以前は、はっきり言って書くのがじゃまくさかった。今でも時々じゃまくさいことがあるが、たいてい自分なりにない知恵を絞って、いっしょうけんめい考え、そのすえに書く。そういうふうにしてきたつもりだ。今の僕らのまわりには、僕ら自身が考えていかなければならない問題がたくさんあると思う。

ある問題が起こった時に、急にその問題について深く考えるということは難しい。ふだんから、どんな小さいことに対しても真剣に考える。そう心がけておく必要がある。ふだんからあまり考えない人には難しいことだが、今の僕にはそれができる。以前の僕は、それほど物事を真剣に考えるほうではなかった。しかし班活動をしてみんなと話し合っていくうちに、そういう習慣が身についたのだと思う。これはすばらしいことだ。ぼく自身、班活動をしてそういう力がついてきたように思う。これからも思い出をたくさん作って卒業していきたい。

女子Nさん（2月2日）

私は三年生になって、話し合いや協力というものを、教科書以外で習いました。そして、それがいかに大切であるかもわかりました。話し合うにしても、協力し合うにしても、ただ毎日のほほんと過ごしていたのではできません。また問題点があるのにも気がつかない。まわりをよく観察し、そして自分なりの考えを持ってそれにとりくまなければ、話し合いも協力も生まれてこないと思います。問題のないクラスや班なんてないはずです。問題が多ければ多いほど、このクラスやみんなはよくまとまっていると思う。なぜなら、それだけクラスや班に、みんなが関心を持っているからなのです。

しかし、問題が多いだけではいけない。それを一つひとつみんなの話し合いや協力でなくしていかなければいけません。

このクラスで教えられた話し合いは、うわべだけを円満にするためのものではありませんでした。心の中から円満になるための話し合いであったように思います。どんな小さなことにも目をそむけないで、常に話し合いの場を持って、誰にもえんりょすることなく、自分の正しいと思うことを主張し、いつも自分の考えを持つようにしてきました。そしてこれからも、他の人の意見をよく聞き、その中で正しいことは聞き入れ、また自分の考えをふくらましていきたいと思います。

さて、次に紹介するKさんは、3年生の年度当初の始業式の日、クラス分け発表の掲示板を見たあとすぐに私のところに、「先生、Sくんがいるクラスなんて、いやですからね。絶対に別のクラスに入れてください！」と言いに来たのです。困った私は、「でも、すでにみんなに公表したので、それは無理だよ……！」と言ったのですが、その後は、ほとんど私と目も合わさず、口もきいてくれない日々が続き、本当に困りました。

でもその後、先ほどのような経験をするなかで、彼女は中学校教員になりたいと思い、教育大学に進み、卒業後中学校教員になってくれたのです。そのKさんの文です。

Kさん（3月6日）

この1年間は、私にとってほんとうに考えさせられた日々でした。このクラスになった初めの頃と現在をくらべると、考え方について大きな変化があったと思います。

初め私は、小部先生の意見にものすごく反発していました。はっきり言えば、Sくんのことでした。先生は私たちに、Sくんと話す機会をなるべく作ろうと、班会議や話し合いをしたり、少しでもSくんが休めば、「同じ班なんだから、Sくんについてももっと考えてね」とよく言われました。

しかしその頃の私は、「なにもSくんだけのことで、そんなにいっしょうけんめいしなくてもいいじゃないか。Sくんだって、自分のわがままで来ないんだし、三年生にもなって学校がおもしろくないからと言って、学校に来ないなんてあまりにも勝手だ。先生も、Sくんのために、話し合いだなんだと、まるでこのクラスがあの子を中心になりたっているみたいだ。私は何も、あんな子のために犠牲になりたくない」と思っていました。

いま思えば、ずいぶん利己主義になっていたんだなあ、と反省させられます。その頃の私は、クラスの人たちを無視して、勉強だけに打ち込もうと自分に言い聞かせていたんです。けれどそんなことは、決して長続きはしませんでした。そのようにすればするほど、自分がみんなから孤立していくみたいで、しだいに不安になり、はたしてこのままでいいんだろうかと考えるようになったんです。

そして、その後のいろんな話し合いや取り組みの中で、利己主義というのは、ただ自分で自分の値うちを下げ、人間性を失わせる一種の魔法のようなもので、人と人とのふれあいの中で生まれる友情というものを、自分からなくしてしまうだけの価値のないものなんだとはっきりわかりました。このことは、この1年間を通して、一番大きな収穫だったと思います。まだ今でもそのような考え方は多少残っていますが、この1年間の経験を、これからの高校生活の中でも生かしていきたいと思っています。ありがとうございました。

Sくんの文（2月23日）

そして、あのSくんですが、夏休みに、学校外で暴力事件を起こし、一度少年鑑別所に入ったあとは、なんとかがんばって無事（？）卒業してくれました。

ぼくは、1学期、2学期、3学期と、あっとゆう間にすぎてしまいました。ぼくは、クラスの子らにここまでしてもらい、なんといっていいかわかりません。ぼくは、これからまじめになることに決めました。だからあとわずかですが、みんなといっしょにがんばりたいです。

ぼくは、みんなに助けられて、ほんとうによい組だったと思います。これからもぼくはがんばらなければいけないし、みんなもまけずにがんばってください。先生にもおせわになって、ぼくはうれしいと思っています。どうか先生も、これからも苦しいことをのりこえてがんばってくださいね。これがいま、ぼくが思っている気持ちです。

一方、クラスづくりと並行して、「学校再建」のためにとりくんでくれた生徒会の「答辞作成委員」が作ってくれた、その年度の答辞も紹介しておきます。

3月の卒業式での答辞＝各クラス代表一人 計11人の「答辞作成委員」が作成

今日ここにこうして、私たち11クラス410名が卒業するにあたって読むこの答辞は、単に答辞作成委員11名だけによるものではなく、卒業生全員の意思をいかに反映させるかを考えて作成したものです。そのため3年生全員にアンケートをとってまとめました。

さて私たちが本校で過ごした3年間をふり返ってみた時、いったい何を得たでしょうか。確かに得たものも多いと思います。たとえば、自由でのびのびした学校生活を送れたということ。悪友にしろなんにしろ、かなり深い所まで話し合える友ができたということです。

しかし私たちみんなは、多くの不満を抱いたままこの日を迎えました。もっとも多かったのは、先生方に対する不満です。アンケートからいくつか例をあげてみます。

・授業がわからないと言ったとき無視された。生徒を差別しないでほしい。
・休憩時間に質問に行っていやな顔をされた。
・授業をもっと計画的に進めてほしかった。
・自由放任もいいが、もう少しひきしめてほしかった。
・先生同士で意見がわかれている時があった。
・部活の顧問が無関心な先生がいた。

以上が、各クラスを通して多かった意見です。

ところで、私たちの答辞の目的はいったいなんでしょうか。結局言いたいことは、しっかりした教育方針を持ってほしいということです。またそれが実行不可能なら、先生方と生徒で新しい「真の教育方針」を作り、それに基づいた教育をしてください。

一方、私たち自身にも反省すべき点がたくさんあったと思います。アンケートから、

・学校の設備を大切にしなかった。
・まわりのふんいきに負けてしまい、それを改善しようとしなかった。
・学級活動を一部の人たちにまかせてしまい、自分たちから積極的に参加しなかった。
・勉強について、満足できる成果をおさめることができなかった。
・先生ばかりに要求して、自分たちに反省をおこたっていた。

などがあります。

こうした反省にもあるように、私たちはこの3年間で何ひとつ満足なことができなかったですが、在校生のみなさんは、学級活動、生徒会活動、部活動などを自分たちの手にもどし、その上で先生方との話し合いを多く持ち、生徒と先生がいっしょになって、このK中学校のためにもがんばってください。

それとグラウンドを開放してほしいという要望もあります。今後とも、後輩たちのため

にも、どうかよろしくおねがいします。

以上、私たちの要望や反省などを述べましたが、これからも本校で得た経験を生かして、自主性と協調性のある人間になれるよう努力を続けるつもりです。どうか前途多難な私たちの行く手をじっと見守ってくださるようお願いして、私たちの答辞とします。ありがとうございました。

答辞作成委員一同

大学受講生Hさんの文＝班ノートはすごい！

私がこの授業を受けて一番感じたのは、「子どもの成長」についてである。子どもは1年で、心も身体も大きく変わることがよくわかった。変わる、それも大きく変わる。これは文字通り「大変」なことである。

そしてその背景には、友だち、教師、保護者、地域のサポートがあるのだ。周りにそういう人たちがいるから、一人でいるよりも大きく、また大変なことも乗り越えていけるのだと私は感じた。

そこで私が、「これはすごい！」と思ったのが「班ノート」である。初めは個人ノートの方がいいのでは、と思ったが、子どもたち一人ひとりが、様々なことを文に書いているのを読んで本当に感動した。反抗期でもある中学生などは、口ではうまく言えなくても、「書くこと」で、自分と向き合ってしっかり書けるのだ。口ではつい感情的になったりするが、文章だと読み返すことで、ついつい言ってしまった、と言うことがなくなるからだと思う。

すなわち、冷静に考え、自分と向き合い、同時に周りも見ることができるようになるのだ。これって、なんてすてきなことだろう。どの子も皆、自分向き合い、自分を見つめ直すなかでお互いが成長していくのだ。私はそれらを読んで、ますます教師になりたいと思いました。

5、C中1年1組の場合

転入生Bさん（不登校）とヤンチャ坊主

Bさんは、他市の小学校時にきついいじめを受け完全な不登校になり、5～6年生では、ほとんど登校できなかったため、その校区の中学校に行けず、卒業と同時に引っ越しまでして、わがC中に転入してきて、私が担任をすることになりました。

一方、その学年は、本校に入学する二つの小学校のひとつであるT小は、5～6年生時に授業参観日にも、保護者が後ろにたくさんいるにも関わらず、何人かの男子が、担任の制止も聞かず、靴のまま机の上を走り回るような、ほとんど「学級・学年崩壊」状態でした。その中心人物だったDくんたち3人を、私が受け持つことになりました。そして、入学式直後その3人が教卓前に来て、「俺らな、小学校で担任3人変えたったんやでー。知ってるか?」と自慢げに言いに（威嚇しに?）来たのです。

そんな雰囲気を敏感に察知したのか、Bさんは入学式の翌日からピタッと登校しなくなりました。困った私は、登校刺激を与えない程度で家庭訪問をし、入学式だけ来て、ほとんど存在感のない彼女のことを、できるだけクラスでも話すようにしていました。

そういう状況が約2ヵ月近く続いているうちに、私の気持ちを察したのか、何人かの女子が登校時に、彼女の家に誘いに行ってくれたり、彼女の家に遊びに行ったりしてくれるようになってきたのです。

そんななか、6月のある日のことです！

その頃週一回くらいでやっていた「朝レク」（朝7時半頃から、運動場か体育館で、班長やレク係の子らが企画運営をする朝のレクリエーション）に、突然Bさんが初めて来てくれたのです（その時は、男女混合チームでサッカーをしていた）。

それを見ていた私は、「ん？　Bさんが来た！」と、一瞬目を疑い、もたついていました。すると、なんとあのヤンチャ坊主のDくん（本来5～6年生と一人の担任で持ち上がりだったのが、担任が3回入れ替わり、うち一人が精神的に追い詰められ退職された時のボス）が、もじもじしているAさんの所に走り寄り、ひと言声をかけたのです（正直言って、その時私は、Dくんが「今頃、何しに来てん?」などと言ったのではないかとハラハラしていた）。

すると、その直後信じられない光景が目に入りました。小学校時代のいじめ体験で、学校では声も発せられず、普通に歩くのもままならない彼女が、少しずつサッカーコートの中に入ろうとしていて、それを見た何人かの女子が、彼女に「はよ、入りやー！」と声かけをしてくれたのです。

その日、Bさんが、班ノートに書いてきてくれました。

Bさんの文　その①　ボスのDくんからの声かけ

前からYさんたちからさそわれていた朝レク、今朝わたしは母の病気で、少しおくれて行きました。学校に着くと、もうサッカーが始まっていたんです。それで、どうしたらいいかわからずじっと立っていたら、あのD君が私のところに走って来て、「おい、入れよ！」って言ってくれたんです。すごくうれしくて信じられませんでした。次の朝レクが楽しみです。

このように、Bさんがその翌日持って来てくれた班ノートを読み、信じられないようなでき事を知って喜んだ私は、声かけをしてくれたヤンチャなDくんに、「きのう、Bさんに声をかけてくれてんてなー。ありがとう！」と言ったところ、彼は「そうやったかなー。もう忘れたわ」と言って、そのままそこを立ち去ったのです。

いつもは生意気で、相変わらず教師を困らせることの多いDくんの「頼もしい後ろ姿」を見て、私は「胸キュン」で、なぜかすごく彼を愛おしく感じたものです。

でもその後も彼は、相変わらず掃除をサボったり、私の英語以外の授業中では、「トイレ！」と言っては、何回か「トイレ喫煙」をしていたようですけどね。

そしてその1週間後のことです。またまた「奇跡」のようなことが起こったのです！

Bさんの文　その② ヤンチャ坊主Eくんからの声かけ

ゆうべ8時頃、犬の散歩に行った時のことです。向こうからクラスのE君が自転車でやって来たんです。私は何か言われへんかとドキドキしてじっとしていました。するとそばに近づいてきたE君が横に来て立ち止まり、「これ、お前とこの犬か?」とか「いつから飼おてんねん?」とか「なんちゅう名前やねん?」とかいろいろと話しかけてくれ、10分くらいしゃべりました。

前からE君たちはこわくてものも言えず、まさかあんなやさしい子だとは知りませんでした。すごくうれしかったです。

このようにして、Bさんは文字通りピタッと毎日来てくれるようになったのです。そして学年末には、次のようなことを班ノートに書き、他クラスの子らともつながることができたのです。

Bさんの文　その③（2月4日）

今日私は、2組、3組の子らといっしょにスケートに行ってきました。それで私は、なんとかすべれるようになったのですが、まだちょっと不安ですね。でもすべれるようになったからよかったです。

途中、12時頃にリンクの表面がけずられ、ガタガタになっているのを、係の人たちが、水をまきながらきれいにしてくれました。そしてそのあとすべったら、ツルツルですごくこわかったです。それと一番こわかったのは、私がすべってたら、知らないおじさんの手が思いきり私の目にあたって、とても痛かった。でも、すごく楽しかったです。

Bさんの文　その④（3月21日　終業式の直前）

早いもので、あと少しで2年生ですね。ほんとに、いろいろ楽しいことがあったけど、私は、このクラスの仲のいい友だちとも同じクラスになりたいけれど、またぜんぜん知らない人とも友だちになりたいなあ、と思っています。なんかドキドキしています。

このようにして、Bさんは大きく成長し、2年生、3年生と、他クラスでも元気に登校し、無事卒業しました。

そして、彼女が卒業したあと、入れかわりに入学してきたBさんの弟に、「お姉ちゃん、元気か?」と聞くと、「うん、毎日行ってるで」とのことでした。そしてその後も、高校を卒業したあと、短大に進んだそうです。

このように、ほんとに信じられないようなことがあり、つくづく「子ども力」ってすごいなーと実感したしだいです。

6、班編成と班ノートの手順とコツ

1、班編成について

5人か6人班がいい。男女半々
班長決め＝公選制（無記名投票、開票は教室でする）

2、班ノートについて

サイズ＝たて210㎜　よこ148㎜　行間＝7㎜
手順＝自己紹介から始めてもよい
書く順番を決め、それを守る
約束事
①友達の悪口だけはダメ！

②家で書く
③翌朝回収する
④担任が返事を書いて昼食時に返す
⑤次の子に回す↓②にもどる

3、不登校生への手だて

①早いうちに家庭訪問をして様子をみる（登校刺激はしない）
クラスの様子や班編成、班ノートのことなども話しておく
②班ノートが始まったら、他の子らの文をいくつかコピーして持って行く
もし本人が自己紹介なども含め、何か書きたいようなら、書いてもらう
③それらのことを含め、クラスにも話しておく
その後も、不登校生の「存在感」をみんなで共有しておく

これだけです。最初は書かない子もいますが、次に回ってきた時に書けるように「次は

書いてね」とか、書いてくれた人の紹介などをして、書きたくなるようにもっていけば、必ず書くようになります。どの子も、他の子が書いたことに関心を持ち必ず読むので、大丈夫です。これは、小学生でも高校生でもまったく同じで、僕の大学での受講生が教師になり、この「班ノート」ですばらしい成果をあげている人もたくさんいます（※第10章参照）。

大学受講生のレポートより

この講義では、思いやりのあるクラス、まとまりのあるクラスにするために、様々なとりくみについて学びました。たとえば班ノート、班長会議、朝レクなどです。

先生が授業中に紹介してくれたクラスのとりくみの中で、教師になったらぜひ取り入れたいと思った中の一つに、班ノートがあります。まず、思ったことをなんでも書ける、そして自分の書いたことに対して、先生からコメントが返ってくるという点がいいと思います。

普段、口にしない、できないことも、班ノートにだったら、書ける事もあります。直接話す勇気がない時には、班ノートの方が気軽に書きやすいのではないかと思います。また、それぞれの生徒が感じたことがみんなにも伝わり、また他の生徒の考えも知ることができます。それに加えて、班ノートで生徒の心の中にあることや、最近気になっていることなどがわかります。

また「班ノート」はお互いが感じたことを表現し、共有できるツールです。生徒が書いたことに対して、他の生徒がまたコメントを書くことができる。書く側の立場として、このように自分の書いたことに他の子からコメントをもらうということはうれしいものです。教師はもちろん、生徒もお互いの事を知る上でこの班ノートは人と人とをつなぐ手助けをしてくれます。もちろん先生も、それに対して励ましのメッセージを伝えることもできます。

このように、これを一年間続けていくと、どんなきっかけで、子どもの気持ちや心に変化が起こり、またその後どのように変化していったか、を振り返って分析することもできるので、ぜひ自分もやりたいなと思いました。

○班ノートのAさんの詩＝「14歳の私」

14歳
子どもでもなく 大人でもない
子どもと思われなくなくて
ちょっぴり大人に背伸びする
あの扉の向こうには
すてきな恋が待っている
神様 少しでいいからのぞかせて
大人の私を
レディの私を

鏡の中の私は
子どもですか 大人ですか
口紅をぬっても似合わない

三つあみしてもどこかおかしい
複雑な気持ちの私
14歳

Ａさんが描いた絵

第2章

いじめ・不登校問題についての検証

1、子どもの実態調査＝文科省2018年度（2019年10月17日発表）

①不登校＝（　）内は前年度数

小＝44841人（35032人）

中＝119687人（108999人）

高＝49643（17年度）

子ども数は過去最少で、不登校数は最多！（平成25〜連続増）

②いじめ

約54万件　小＝42、584件、中＝97、704件、高＝17、709件

↓計541、257件

※前年（2017年）度＝計414、378件

③自殺

小＝11人
中＝１０８人
高＝２３８人　計３５７人（過去最多）

ところが警察庁の統計ではさらに多いのです。文科省によると「事故死にしてほしい」と望む遺族に配慮するケースなどがあるためだそうです。

このように文科省と警察庁の数字のくいちがいの大きさが気になりますが、自殺の基本的な心理面の変化（段階）としては、次のようになると思います。

「悲しみ↓苦しみ↓怒り↓悔しさ↓絶望↓抗議（尊厳）↓自殺」

いじめの構図＝主従↓「奴隷」化↓孤立↓無力感↓自殺、（犯罪）

では、このような状況のなかで、いったいどのようなとりくみをすればいいのでしょうか。

2、いじめ問題の背景と課題

政府、文科省などの対応と結果

2013年6月28日「いじめ防止対策推進法」制定
↓「いじめをなくす」「いじめを許さない」「早期発見」＝対社会「つくろい」
↓学校現場（教員）へは、「いじめ報告書」提出の義務づけ
↓教師の仕事量肥大化↓授業準備、研究、学級活動などにしわ寄せ

問題点と課題

基本は、「道徳教育」と徳目主義の強化、徹底
「道徳観の欠如」を理由に、「違反者」への罰則・制裁の強化↓「制裁の檻」へ
道徳観の欠如ではなく、仲間同士の相互理解、自己肯定感が重要
掟に沿っての制裁＝「制裁の檻」への収監ではだめ！

では、どうすればいいのか？

3、やれること、留意点など

集団づくりの基本的視点

まず「いじめのない集団」より「いじめを主体的に克服できる集団」を！
そのためにも、
①「被害者 対 加害者」という「当事者的図式」で捉えない
②「謝罪↓握手↓仲直り」で、「一件落着」としない
③トラブルやいじめなどを、重要な「学びの機会」とする

めざすべき集団

①安心できるクラス⇓明日も行きたくなるクラス
②男女仲がよくて、認め合い、補い合える関係づくり

③「書く、話す」の重視⇓考える⇓問題意識のある集団
④「動き」のあるクラス⇓身体を動かす遊び（レクやゲーム、動植物飼育）
⑤本音で言い合え、認め合うクラス＝班・係活動、班ノート、個人ノートなど
すなわち、

書く⇳考える⇳自分と向き合う⇳人を理解する⇳相互理解⇳認め合う

①心の響き合いから連帯感へ
②多様性＝十人十色、「ちがい」を認め合う大切さ
③人間関係づくりのおもしろさ、「生きることの醍醐味」の実感

4、不登校のIくんと動物飼育（2年1組）

Iくんがリーダーに＝カエルと子どもたち

このクラスには、1年生時の年間の三分の一が不登校だったIくんがいました。

新学年が始まってすぐの家庭訪問。彼の留守中に行くと、玄関先から家の中まで、蛇、カエル、各種魚、鳥、虫などいろんな動物がところ狭しといっぱい！　そのうえ見かけない鳥がいた。鶉《うずら》が「つがい」（夫婦）でいたのです。鶉の卵なら、ざるそばなどのダシ汁ではよく使いますが、鳥そのものは知らなかった僕は聞いてびっくり。

僕　「お母さん、これなんちゅう鳥ですか？」

母親「これは鶉《うずら》ですよ」

僕　「？　買われたんですか？」

母親「いえいえ、ここにあるのは、すべて野生（天然物？）なんです。金魚も含め、あの子は一切市販のものはだめなんです。えさもすべて天然物ですよ」

僕　「（半分、感動して）へー、いつからですか？」
母親「もう小学校高学年の頃からですかねー」
僕　「……。（？　それで学校に来なかったのかな？）
　わかりました。ありがとうございました」

このような、Iくんのお母さんと初対面の話をさせてもらったあと、いろいろ考えた末に、あることを思いつきました！　早速その翌日、彼のいる時を見計らってお宅に。

僕　「はーい、来たでー」
Iくん「何しに来たん？」
僕　「別に。きのう来て、『すっげーなー！』ってびっくりして、直接君に聞きたかったもんで」
Iくん「（半分、いぶかしげに）ふーん」

さあそこからは、そこにある不思議な動物たちのことを聞

き始めると、彼はしだいに目を輝かせながら得意げに、「いつ」、「どこで」、「どのようにして獲り」、「どんな生態や育て方か」など、動物博士並みの「解説」をし始めてくれました。

でも、ヒトには関心があるが、犬猫をはじめ動物にはまったくといっていいほどの無知・無関心の僕には、半分彼が何を言ってるのかも理解できず、「フーン」「へー」「そうなんや」のくり返し。

そうこうしているうちに、「そうや、Iくんがこれらの動物を持って来て、クラスで飼ったら、彼が来てくれるかも…」という、僕の心に〝野心（?）〟が…。

僕　「なあ、I。ここにあるやつを、いくつか教室で飼われへんかな?」

Iくん「（即刻!）あかん!　絶対にあかんで!（と拒否）」

僕　「そっかー。そらそうやなー。君の宝物やろから、しゃあないなー」

（とあきらめかけた僕に）

Iくん「ほんだら、みんなで獲りに行ったらええねん」

僕　「!?　そうやなー。じゃあ、君の行ける日に、みんなで行こうか?」

みんなで捕獲大作戦開始！

そんなこんなで、とんとん拍子に〝捕獲作戦〟が決まり、その次の日曜日にクラスのみんなで行くことになりました。総勢10数人で、Iくん曰く「宝物がいっぱい」で、生駒市を南北に流れている富雄川へいざ！　もちろんIくんは、網や笊《ざる》にビニールバケツなど、捕獲道具一式を持って登場。僕や他の子らは、気合いの入ったそんな彼を見て、「えっ、何、これ？」とビックリ！

そして現場に到着するや否や、みんながモタモタする中、Iくんは、さっさとズボンとシャツの袖をまくりあげ、前述の「専用道具」を持って川の中に。（深さは、せいぜい30～50㎝程度）

そして、みんなが茫然と見ている中、次々と獲物をゲット！　網や笊《ざる》の中には、いろんな小魚や虫（?）などが、いっぱい入っていたのです。

そんな「みごとな技」を目の当たりにしていた子や僕が、「用具」を借りて、彼のまねをして、次々とやってはみますが、入っているのはほとんど泥ばかりで、獲物はなし！　それを見たIくんは、みんなに「捕獲のコツ」を伝授しました。そしてしばらくすると、それまでこわがっていた女子までが、スカートやズボンをまくりあげ、ワイワイ言いながら作戦に参加。あっという間に、虫かごやナイロンバケツ3～4個に魚やわけのわからない（?）虫たちでいっぱいに！

このようにして、早速その翌日、Iくんと何人かが、家にあった水槽などを持って来てくれ、飼育がスタートしたのです。もちろん、Iくんは生き生きとリーダーシップを発揮し、獲物たちは、手際よく水槽や段ボールなどの「棲み家」に収まりました。

事件（?）発生！

さて、このようにして始まった飼育ですが、捕獲に参加しなかった子らの、やや冷めた目を気にしながらも、クラスの雰囲気の何かが変わりつつあったある日、Iくん以外の「ヤンチャ坊主」たちを中心にして、もっかい（もう一回）捕りに行きたいという声があがり、再度行くことに。初回参加者の話を聞き、興味を持った子らも含め、参加者がさらに増える中で行くことになったのです。

そして、そこから「変な展開（?）」で問題が発生しました。

実は、初回でコツがわかり「味をしめた」子らが、川にいたたぶん20～30㎝もあろうかというカエルを、Ｉくんの指示で「つがい」で捕獲した。（Ｉくん曰く、「動物はつがいで飼わないとストレスがたまり、拒食症になったり死んだりする」らしい）

そして手間を省くために、その帰り道に教室に戻り、そのカエルを職員室にあった段ボール箱に草といっしょに入れ、教室に置いておきました。

そしていよいよ翌朝、いつもより早めに行った僕が教室に行き、カエルの点検などをしている時に、捕獲に不参加だった女子３人組（たぶん動物ぎらい？）が来たのです。

３人組「センセ、おはよう！」

僕　「あ、おはよう！　早いな、君ら」

（と言うが早いか、教室後ろのカバンおき場の上にある見かけない段ボールに気づき）

３人組「何やのん、センセ、これ？」

（と言うが早いか、段ボール箱の蓋を開けたのです！）

3人組「ギャー!!　センセー。絶対いややで、こんなん！　ヤメテ〜！」

と、なぜか両手で耳をふさぎ、絶叫しながら教室内を走りまわりだしたのです。

一瞬僕は、何が起こったのかと思いましたが、まさかそんなでっかいカエルが入ってると思わなかった彼女らは、ほんとにびっくりしたようでした。

Iくんをリーダーに＝全員で役割分担（休日、長期休暇時も）

このようにして、思わぬハプニングで始まった飼育活動でした。Iくんは、おとなしくてどこにいるかもわからない（?）ような子でしたが、もちろんこれをきっかけに見ちがえるように積極的になり、私が顧問をしている野球部にも入ってがんばってくれたのです。

そして、彼のリーダーシップのもと、役割分担を班長会議でやることになりました。もちろん休日や長期休暇の飼育体制なども含め、動物に支障のないようきめ細かく決めました。

その後、決まったことやとりくんだことを少し紹介します。

えさは、ショップで売っているものではなく、すべて天然の物を与えること

たとえば、カエルは「生きたハエ」が大好物なのです。さあ、みんな近所の商店などにおじゃまして、ハエ叩きをうまく手加減して使い、仮死状態にさせて与えたりもしてくれました。

カエルの散歩作戦

その後しばらくして、みんなが「カエル、なんか痩せてきてるでー」と言い始めました。Iくん曰く「たぶん箱の中ばかりで、運動不足やろうな」。そこで、運動も兼ねて、「散歩」をさせることとなりました。

昼休みの昼食後、何人かがろうかで、カエルに散歩させることに。ところがでっかいカイカエルが2匹、ビョー

ン、ビョーンとゆったり跳ねるのが大人気となり、散歩時には他クラスの子らも来て、黒山のひとだかりができる始末。

そんなある日、それを見たある女性教師が、誰かがけんかでもして人垣ができているのでは、と思い中に分け入ると、目の前にでっかいカエルが散歩しているではありませんか！ビックリされてその先生は、僕のところに飛んで来られ、「小部センセ、知ってるの？」と。僕は、事情を説明しながら、言いわけざんまいでした。

カエルの入浴作戦

さて、飼い始めて１ヵ月ほどして少し暑くなってきたある日のことでした。

これまた授業に行かれた女性教師が「センセとこの教室、なんか臭いで～」。行くと、とくにカエルの箱から異臭がしていたのです。Ｉくんに聞いてみると、「あんな段ボール箱に押し込められてたら、それは当然やわ。やっぱり、人間といっしょで、風呂に入れたらんと（入れてやらないと）」とのこと。

早速階段の踊り場にある、手足洗い場の脱水坑に雑巾で栓をし、水をはってカエルの入浴をさせました。なんと当初、「気持ち悪い！」といって騒いでいたあの女子たちも、大きく袖をまくり、二の腕にカエルを乗せ、置いてある手洗い用石鹸をたっぷりつけて、ていねいに洗ってやってたのを見て、その子らの様がわりにビックリ。ちなみに、不思議なことですが、同じことを男子がやったらカエルはいやがり、何度やっても腕から飛び降りるのでした！　やはり、カエルにも「母性」がわかるのかと、妙に感心、感動をしました（たぶん科学的根拠なし？）。

このようにして、夏休みも毎日交代で当番が来て、世話をしたおかげで、どのカエルも魚も虫も、みんなスクスク育ち、男女仲もよくなりすごくいい雰囲気になっていった。そんなある日のことです。

カエルの里帰り＝さようなら、カエルくん！

9月末のある日のことでした。Ｉくんがややションボリして、僕の所に来ました。

「センセ、やっぱりカエルを、あんな所で飼うのはかわいそうやから、もとの川に返しに行きたいんやけど……」と言いにきたのです。「そっかー、それもそうやなー。すでにもう、カエルもクラスの一員みたいなもんやけど、やっぱりカエルには自然の川が一番やろうしな」ということで、Ｉくんからみんなに図ってもらったところ、みんなも寂しいけど、「そらそうやなー」と賛成してくれ、次の日曜に富雄川に戻しに行くことになったのです。

当日、またまたみんなで前に獲った場所に行き、Ｉくんたち数人で、腕にのせたカエルをそっと水の中に入れたのですが、なぜか二匹とも水面に浮かんだまま動かず、心なしかみんなの方をふり返り、別れを惜しんでいるのか、動こうとしないのです。

それで、またＩくんたち何人かがズボンをまくり、水に入り、両手で愛しむように、川の真ん中まで連れて行き、水に浮かべてそっとお尻を押してやりました。すると、やっと思い切ったのか、水を掻きながらもぐり、〝故郷〟に帰ってくれたのです。

涙もろい僕や、あの女子たちも何人か、涙を浮かべていて、お互い泣き笑いでうなずき合いました。元気でね、カエルたち。ありがとう、さようなら～!!


「学級歌づくり」コンクールで最優秀賞に！

その後、音楽の授業で、全クラスで「学級歌」コンクールがあり、わが二年一組の曲が最優秀賞をとったので紹介します。（曲もすばらしいんですが、歌詞だけでごめんなさい。※曲を聴きたい方は０９０-３８６４-７６７５まで）

2年の中の1組

1

一人ひとりの個性はあるけれど
それがひとつの2年1組
魚も花も、バッタも鈴虫も
みんないっしょに育ててる
そんな部屋の中に
そんな僕たちがいて
席を並べて　笑ってる

2

僕たち2の1は　みんなで41人
明るいだけがとりえだよ

ソフトボール、サッカー、バレーボール、バスケ
みんないっしょに　楽しむよ
そんな空のもとで
そんな僕たちがいて
大声あげて　笑ってる　↓（くりかえし）

では、大学での受講生の文を紹介します。

「教える」ことと「育む」こと＝受講生、U・Iくん

教育とは文字通り「教え、育む」ことだ。でも現実は「教える」ことに重点をおきすぎ、「育む」ことがおろそかになっているのではないだろうか？　すなわち「知識」偏重で、それを中心に年間カリキュラムを組み、そしてそれがスムーズに進行し、成績が向上すれば「成長した」と評価する。はたしてそれでいいのだろうか？

たとえば、何か問題が発生した時にどうするか？　その当事者だけを叱り、「反省」させ

るだけでいいのか？　なぜそうなったのか、他の生徒との関わりは？　などについて、みんなで考えたり話し合う必要はないのだろうか、連帯責任をとらされるのか！」など、親の苦情もあるかもしれない。でもはたしてそうだろうか？

ぼくは、これはまさに生徒を「育む」いい機会ではないかと思う。たとえ当事者は一人であっても、まわりの生徒はそれを聞くことにより、「考える」ようになり、話し合いまでもっていけば、「自己処理＝自主解決」にもつながっていくと思う。本来クラス会などは、このように生徒の「自立」を促すためにあるし、それこそ教育の重要な「一つの柱」なのではないだろうか？　時には「教える」ことは横においてでもみんなに問いかけ、みんなで考える「育む時間」をとる必要があると思う。だれでも問題を起こす可能性があるからこそ、このような「問いかけ」に答えるようにしていくことが大切なのだ。

一方、教師もまた同じく、ともに考え、悩み、そして解決の糸口をさがさなければならないのだ。ただし、生徒への強制や押しつけになることもあるので注意しなければならない。このようにして生徒の「自立」を手助けすることが「育む」ということだと思う。「教える」と「育む」の両立はとても難しいとは思うが、それを求め続け、そのためなら時間を惜しまず工夫・努力することが本来の教師の仕事ではないだろうか。

5、現場の実態と課題

「いじめをなくす」「いじめを許さない」「早期発見」は対社会つくろい？
↓現場へは「いじめ報告書」作成、提出の義務づけ
「道徳教育」の徹底↓「違反者」への罰則強化と制裁強化
掟に沿って「制裁の檻」？への収監的発想
それらを徹底させるために、教師を追い詰める＝責任転嫁

このような施策のもとでもやれること

基本的観点
子どもの問題は子どもに返す⇓子どもを「子ども扱い」しないこと！
欠点より長所、個性を見い出し、引き出す。

権威に頼らない。子どもに感動。
チャレンジのチャンスを作る。

いじめられている子を取り出して守る＝隔離はだめ！
子どもを傷つけるのが子ども同士であれば、子どもを守るのも子ども同士
当事者（加害者、被害者）以外の子（まわりの子）も、当事者である
という意識を大人・社会が持って、それぞれの立場で行動することが大事！
⇓当事者だけを隔離し、「握手でシャンシャン」はダメ！

子どもの見方と関係性

①「ワル」＝「悪（じゃま者）」ではない
②「風通し」をよくすること
③「信じて待つ」＝任せる勇気を持とう！

関係づくりの基本（ベース）

①「濃い」人間関係＝お互いに言い合え、聞き合える関係づくり
②「問題生徒」も含め、存在感、役立ち感醸成→自己肯定感へ
③ちがいを認め、疎外感ではなく一体感、心配し合える関係づくり

子どもたちに求める（期待する）こと

①自分たちのことは自分で考え、行動する「自主性」と「行動力」
②自分中心ではなく、全体を見渡す「客観性」と「判断力」
③様々な問題やハンディを持った仲間に対する「思いやり」と「許容力」

自分の中での理想の教師像＝**「いい先生って？　10ヵ条」**を書き、この章を終えたいと思います。

いい先生って？　10ヵ条

①子どもの「友達」になれる人

②子どもよりえらいと思わない人
③子どもの緊張を緩和できる人
④子どもの関心事に関心が持てる人
⑤子どもの弱点につけ込まない人
⑥ユーモアやウィットが理解できる人
⑦難しいことをやさしく説明できる人
⑧強制的に勉強させない人
⑨自分をいい教師だと思わない人
⑩「母性」が持てる人

第3章

部活、スポーツ、体罰について＝自主性、人間関係づくり

ご存知のように、残念ながらこの問題も、学校現場ではあまり改善されないまま、痛ましい事象、事件が続いています。なぜでしょうか?

私自身の経験もふまえながら、歴史的、実践的に分析し、明らかにしていきたいと思います。

まず、あの痛ましい「大阪市立A高男子バスケットボール部問題」についてです。

1、キャプテンC君の自殺

まず、今から7年前の2012年12月23日の自殺の直前に、彼が書き残した「抗議文」をお読みください。

K顧問への手紙(渡せず自殺)

僕は今、キャプテンとして部活に取り組んでいます。先生が練習や試合で、自分ばかりに責めてくるのに僕は不満を持っています。たしかに、自分は先生に言われたことができないし、ルーズボールもしなかったです。でもそれをしていないのは僕だけですか？　僕はそうではないと思います。一年の○○や、○○が一回ミスしただけでは言わないのに、僕が一回ミスしたら必ず怒られます。

昨日の話を聞いていても、こういうことをする人がキャプテンになる人だ、と言っていましたが、どこのどんなチームでも、そんな完璧な人いないと思います。僕は先生に言われたことをしようとは思っています。考えようと努力もしています。でもなかなかできないです。リーダーの本も読んだのですが、それがすべてできるとも思っていないです。先生は僕に完璧な人間になれと言っているようにしか聞こえないです。僕は、先生がキャプテンが必要とすると言っている、多くのことができていないです。やろうとはしています。僕は僕なりに、その場のできごとをどうやったらいいだろう、と考えています。

先生は僕に、何も考えていないと言いますが、僕は考えています。いつもその場で答えることができませんが、じゃあ逆に、それを完璧に答える人はいるのですか？　たまにいると思いますがたいていの高校生にはいないと思います。○○さんが講習会をしてくれた日に僕は○○さんが言っていることを自分なりに理解して一生懸命やりました。なのに、なぜ、翌日に僕だけがあんなにシバき回されなければならないのですか？　一生懸命やったのに納得がいかないです。理不尽だと思います。僕は、今正直、何やってもむだだと思います。キャプテンをしばけば何とかなると思っているのですか？　毎日のように言われ続けて、僕は本当にわけがわからないとしか思っていません。

先生は僕に、専攻の授業前に、ポケットに手を突っ込む奴がいるから止めろと言いました。でも、次週の朝礼の帰りに、先生はポケットに手を突っ込んでいました。それは、言ってる人は言ったことを守るべきではないですか？と僕は思います。僕は問題起こしましたか。キャプテンしばけば解決すると思っているのですか。もう僕はこの学校に行きたくないです。それが僕の意志です。


以上です。文字通り「自死」と向き合い、逡巡しながらも、必死になって一語一語考えながら書いたことがよくわかります。

彼は、どんな思いで書き綴ったのか？　顧問の不条理さへの怒りと抗議、そして助けを求める心の叫びに胸がしめつけられますね。そして、親御さんやご遺族のお気持ちも、察するにあまりあります。

いったいどうして、こんなことが起こるのでしょうか？

2、この件から見えてくるもの

部活と授業のちがい

実は数年前、私の大学での受講生の中に、A高の卒業生がいて、在学中にバスケ部顧問のK氏の授業（体育）を受けていた男子が数人いました。ところが聞くと、どの学生も「K先生は体育の授業では体罰をふるっているのを見たことがない」と言うのです。なぜでしょうか？　それは、基本的には、勝敗がからんでいないからだと私は思います。このように、部活には文字通り「人格を変えてしまう」要素があるようです。

人事配置問題

先日の東須磨小問題を見てもわかるように、「異常な人事配置」があります。K氏はこのA高に18年間という「規定」を大きく上回る期間在職（君臨）し続け、教委さえも口出しできない「裸の王様状態」が続いていたのでは？

高校の「体育科」と大学へのスポーツ推薦入学制度

事件後、少しは改善されているようですが、このA高校には、大阪市立ではたった二つ「体育科」があり、なぜか「強さ」とそれなりの「成績」を求める風潮が内外ともにあります。そこで、一定のレベルを続けていくためのプレッシャーがあったのでは？

体罰への認識と向き合い方

あとでも詳しく述べますが、「厳しさ」という名の下での体罰を許容、黙認の風潮や体質が日常化、常態化。そして一方、世間では「日本はしかたがない」というあきらめや受けとめ方があるのでは？

スポーツと体罰（暴力）の関係性と問題点

これも詳しく後述しますが、根本的な「スポーツ」に対する認識、捉え方のまちがいや誤解があるように思います。

以上総じて、体罰がまるで「日本の文化」でもあるような誤解、風潮が底流にあるように思われるので、少し分析したいと思います。

3、スポーツとは？＝強さの裏にあるもの

A高問題にかぎらず、部活・スポーツ指導と体罰問題は、いわば「切っても切れない関係」になっており、現在も、体罰事件による処分や訴訟問題の多さは想像を超えるものがあります。なぜでしょうか？　まず、スポーツに対する基本的な捉え方のまちがいがあります。

ところでまず、「sport」の語源は、ラテン語の「desportare」で、「本業を離れて」とか「余暇を楽しむ」などの意味があり、日本でまかり通っている、根性、しごき、そして体罰などとは無縁のものなのです。したがって、大きく捻じ曲げられた解釈を見直し、その原点に立ち返ることが、今こそ求められているのではないでしょうか。

ところで私自身は、商社マンから中学校の教員になって、専門の柔道部から始まり、未経験の野球部、男子バスケットボール部から女子バスケットボール部の顧問（監督）を退

職まで、計30数年間やらせてもらいましたが、結果的には専門の柔道部があまり強くならなかった。なぜでしょうか?

思うに、自分の中に「こんなこともできないのか?」という考えがあり、それが焦りや不満になり、ひいては部員の「やる気」「モチベーション」「チーム力」アップにつながらなかったように思います。

ところが、その後二校目のC中に転勤した時、前任顧問が転出され不在となった野球部顧問の持ち手がなく、校長に懇願され不承不承やるはめになりました。

ところが、野球部というのは、全国でも唯一大阪にしかなかった準硬式(トップボール)のリーグで、そのレベルは、前年度の優勝校のバッテリーがあの桑田選手(元巨人)と、その後広島カープで正捕手を長年つとめた西山選手だったのを見てもわかるように、すごく高かったのです(生徒はそのことを知っていたが、僕は知らなかった)。

そんな中、ほんとにノックもできなかった私は悩んだ末、部員とともに、研究(勉強)をしながら手さぐりでやることになったのです。

４、やってよかったと思える部活に

まず、専門的な知識や技量のない自分でもできることは何か？と考えた末、とにかく「やってよかったと思える部活」にしようと考えました。そのためにも、無意味な練習やしごきではなく、部員が納得のいく効果的な活動をしようと決め、次のようなことを心がけました。

約束事（部室にも貼っておく）

①全員が納得して部活に打ち込める
②「うまい、へた」に関係なくみんな平等にすること
③しごきやパシリはしないしさせない
④授業、クラスの上に部活を位置づけない
⑤強くても「特権意識」を持たない

などでした。そしてそれを、部員との話し合いできちんと確認し、最後まで大切にして

いきました。

また、異年齢集団の部活動では、ともすれば「ゆがんだ上下関係」など、部員間での暴力やしごきが起こりやすいこともあり、こちらが絶対に体罰をふるわないことも基本条件（前提）だと考え、私自身も全員に明言（約束）したのです。


その結果、それまで5年間でわずか1勝しかできなかた超弱小チーム（部員15人）が1年後、東大阪市大会→中河内地区大会→大阪府大会（計143校）と勝ち進み、優勝させてもらいました。

そして、そのまた6年後、これも前顧問の異動で、誰も持ち手がなかった男子バスケットボール部（府下約350校）を持つことになったのです。バスケットボールはまったくの「ド素人」でしたが、これも部員と「勉強」と「ミーティング」（教室できちんとする）を重ねた結果、3年後には、近畿大会予選の決勝で僅差で惜敗した相手校が全国大会で準優勝するという経験もさせてもらいました。

そんな中で、私自身が子どもたちから多くのことを学ばせてもらい、本当に有意義でワクワクするような、貴重な経験をさせてもらったのです。

5、「引っぱる」指導から「育てる」指導へ

いまさら言うまでもありませんが、あくまで部活動は教育活動の一環で、授業などとはまた違った貴重な経験ができます。とりわけ授業やクラスと違って、異年齢（異学年）集団での活動なので、ある意味「社会性」が身につく場でもあります。

またやり方しだいでは、体力、技術、精神力、そして人間関係づくりにも絶好の場でもあります。そしてその中でねばり強さや向上心などが身につき、またチームワークやリーダーシップなどが育つ場でもあります。

いじめなども同じですが、いま教育（学校）に求められているのは、「上からの強制や力の支配」ではなく、子どもたちの自主性・主体性を重んじた、自己肯定感醸成のための教育活動の創造と展開ではないでしょうか？

その前提としては、

① 教師自身が体罰を否定する

②生徒の様子をよくみる
③教師間で閉鎖的環境を作らない
④情報なり通報があればすぐ調べる
⑤親、外部機関との連携を深める
などがあると思います。

ここで、毎回ミーティングの最後に書く「ふり返りシート」の文を紹介します。

野球部府大会優勝当時のキャプテンK君

16人の部員で、何度かの逆転勝利でかちとった優勝。雪がちらつく日のノック、星空の下での家での素ぶり、大会に向けて何度もやったミーティング。レギュラーも補欠も、みんなで燃えた大会。みんなとの友情を忘れずいい思い出にしたいと思う。

野球部（控え選手）のＹ君

ぼくが野球部に入った理由は、野球が好きだからです。でもうまくないので、あまり試合に出れません。でも練習はとても楽しいです。守備練習などでエラーをしても、まわりの子が「ドンマイ、ドンマイ！」といってくれます。でもトレーニングの時は、しんどくていやになることもあります。でもいっしょうけんめいやっていると、少しずつだけど自分がうまくなってゆくのがわかっておもしろいです。ぼくは小学校の時は、ろくに運動ができなかったので、野球ができるだけでもすごくうれしいです。いまは野球部に入ってのびのびやれてほんとによかったです。これからもいままで通り、せいいっぱいがんばりたいと思います。

男子バスケ部のＮ君

ぼくは、今までバスケットボールをやめないで続けていることに、自分でも驚いている。

ぼくは運動神経や体力は、けっしてよいほうではない。だから親でさえも、本当に驚いている。練習中ぼくは何をしても、みんなより劣っている。でもみんなは、ぼくをけなすどころか励ましてくれる。とくにN君は、いつもぼくを応援してくれるのでとても心強い。ぼくは部活を通じて、友達のたいせつさ、全力を出すこと、その他いろいろとだいじなことを学んだ。

女子バスケ部のAさん

先生、ご心配をかけてほんとにすみませんでした。いろいろあったけど、みんなが私のことをすごく心配してくれてるのがよくわかりました。それと家で、お母さんに「クラブやめる」と言ったとき、お母さんがさみしそうな顔をして、「あんた、あんなええクラブないで!」と言われ、考え直しました。いったんやめようと決心したけど、バスケは大好きだし、もっかいがんばりますのでよろしくお願いします。それと、もし他にやめたい子がいたらいっしょにがんばろな、と言ってあげようと思います。

(Aさんが部員間の人間関係で「やめたい」と泣きながら言いに来たので、みんなでじっくり話し

合わせたあと書いてくれました）

女子バスケ部主将Mさんのお母さん（朝日新聞投書欄「声」の掲載文）

中二の次女が学校から泣きながら早く帰ってきました。こんなことは今までなかったことです。「クラブやめる」と先生に言ってきたというのです。娘はバスケットボール部で一応キャプテンとしてここまでやってきました。いままで何度か、みんなをまとめていくことのたいへんさを、延々と夜中まで話したことはあります。ふんふんと聞いてもらうだけで、心のもやもやが消えるのか、あくる日は元気に登校していきました。

でも今回は多くを語らず、下を向き泣きじゃくっているだけ。私が「やめると言って気持ちがすっきりするの？」と聞くと、首を横に振ります。「どんなことがあったのかは知らないけど、腹たちまぎれに言ったのなら、後悔すると思うよ。先生に謝りに行ったほうがいいんとちがうかな。まあ最終的には、あんたが決めなあかんことやけど…」と私は言いました。

娘は、しばらく考えていましたが、パッと顔をあげ、「学校に行ってくる」と出かけました。学校で先生や部員が励まして下さったらしく、しばらくして娘は帰ってきて、「クラブ続けさせてください」と先生に言ってきたと、晴ればれした顔で話してくれました。キャプテンをさせていただいて、ひとまわりもふたまわりも大きく成長した娘、どうかこれからもがんばってほしいものです。

（これ以前にも、そのことで何度かミーティングを持ち、みんなの問題として話し合わせていたんですが、家でもこのようなサポートがあったことをこの記事で知り、すぐにお母さんに電話をしてお礼を言い、お母さんと喜び合いました）

6、今後の課題と展望

まず、「部活指導と体罰」問題解決の本質（本来の原因・背景の解明）を見きわめる努力をすることと、単なる「教師攻撃」や責任のなすりつけ合いをしないことです。

A高での生徒（部員）の自殺という衝撃的で痛ましい事象で、お互いが冷静さをなくしてしまわないことです。いじめ問題もそうですが、どうしても「犯人さがし」に走り、責任のなすりつけ合いに陥ってしまうことで、結局真の問題解決を曖昧にし、ひいては生徒（子ども）の成長を妨げ、不幸にしてしまいかねないのではないでしょうか。

いまもっとも大切なことは、体罰をふるわなくてもスキルアップができ、そして勝つこともできるということ。そしてその方が、個々の人間的成長（人格形成）やよいチームづくりができ、そして教師（顧問）としてのやりがい、ひいては生きがいにすらなりうるということを共有することだと思います。

そのための課題（留意点）をあげてみます。

①　勝利至上主義に陥らない

わかりやすく言えば、「勝てば官軍」的発想を払拭することです。私自身、いつも自分に言い聞かせていたのは、「勝ちはめざすが、勝ちにこだわらない」ことと「勝つことで学び、負けることで成長する」ということでした。こちらが勝ちにこだわりすぎると、焦りとなり、かえって選手のプレーが萎縮し、力を出し切れないことがよくあるからです。

②「その気」にさせる＝自立を図る

ヒントや提案はするが、必ずみんなに図る。「だまってオレについてこい！」ではなく、子どもといっしょによく考え、あれこれ創意工夫をする。そのなかで、チーム全体のモチベーションも高まり、みんなが「その気になる」のです。すなわち「自分たちのこと」になり、部員自らが切磋琢磨をするようになるのです。

③科学的な指導

まず年齢、個人差、体力差、種目の特性などを考慮したトレーニング内容や練習方法、チームづくりをすること。また外見だけでない「真の体力づくり」をすることも大切です。たとえば私自身念頭に置いたことは、「瞬発力と持久力の調和と結合」です。そしてなぜその方法がいいのかを納得させることで、さらなる意欲や向上心につながっていくのです。

④ 人間的な成長を図る

上記のような観点に基づいた指導のなかで気づいたことは、その中で育つ「変化と成長」でした。私は月に何度かは思い切って練習を休み、教室できちんとしたミーティング（議論）をし、私も含めお互いがいろんな面からの「ふり返り」をし改善を図りました。その結果、お互いを思いやる協調性や責任感、リーダー性などが身についていったのです。

⑤ 開かれた部活動

そんな中でも、やはり「閉鎖性や独りよがり」は出てきます。したがってそれに陥らないように、常に「風通し」をよくすることが大事です。できるかぎり同僚や保護者の声にも耳を傾け、保護者には「クラブ通信」の発行や「親の会」を開いて「みんなで育てる部活動」を心がけました。その結果、自分の目だけではみれないことがいろいろとわかり、その後の指導にすごく役に立ったことを覚えています。

以上のように、私自身は、部員や保護者、また同僚にもすごく支えられ、本当に多くの感動と喜びを味わうことができました。いまこのような体験を感謝をこめて、皆さんに伝え、少しでも多くの方にやりがいのある指導をしてもらえることを願っています。

第4章

体罰の歴史的考察

―「武士道」とも関わって

1、歴史的背景　その1＝戦国時代〜江戸時代の武家社会

体罰は日本の伝統ではなかった

さて、前述のA高問題以後も、体罰問題は後を絶たないのを見てもわかるように、この問題は本当に根が深くて難しい問題だということがわかります。まだまだ解明、断定することは難しいのですが、「はたして、体罰は日本の伝統だったのか？」。この疑問に答えるいくつかのことがわかってきたので、私なりにまとめたいと思います。

まず、今回調べてみてわかったことから書きます。

それは、本来日本では、とくに鎌倉、室町、江戸時代の武家社会、そして明治の前半ごろまでは、いわゆる「体罰」はやってはならない、卑怯で恥ずかしいことだという概念があり、体罰はほとんどなかったということです。

そして子どもの「しつけ（躾）」についても、欧米人は「鞭打ち」などの体罰も含め子どもをしつけていたのに対し、日本では庶民も武士も体罰を与えずしつけをしていたよう

です。いやむしろ日本のしつけや教育は、体罰を使わないことで、欧米人に驚かれることが多かったのです。つまり日本の伝統としては、むしろ体罰を用いないところにあると言えるのです。

その証拠として、当時の日本の温和な子育てについて、当時来日した多くの欧米人が驚いているのです。（渡辺京二『逝きし世の面影』葦書房、平凡社刊　第十章「子どもの楽園」）

①　戦国時代（16世紀）に日本を訪れたポルトガル出身の宣教師フロイス[※1]は次のように記しています。

「われわれの間ではふつう鞭で打って息子を懲罰する。日本ではそういうことはめったに行われない。ただ言葉によって譴責（けんせき＝一番緩い叱責）するだけである」。

また、江戸時代以降でも同じだったようです。

②「注目すべきことに、この国ではどこでも子どもをむち打つことはほとんどない。子

※１　ルイス・フロイス（１５３２年～１５９７年）＝ポルトガル出身のカトリック司祭、宣教師。戦国時代、織田信長や豊臣秀吉らと会見。戦国時代研究の『日本史』を著す。

どもに対する禁止や不平の言葉はめったに聞かれないし、家庭でも船（長崎から江戸への船旅）でも子どもを打つ、叩く、殴るといったことはほとんどなかった」（18世紀後半に日本を訪れたスェーデン人ツュンベリ[※2]）

③「日本人の性格として、子どもの無邪気な行為に対しては寛大すぎるほど寛大で、手で打つことなどとてもできることではないくらいである」（19世紀前半の日本を訪れたオランダ人フィッセル[※3]）。

※2　カール・ツュンベリ（1743年～1828年）　スウェーデンの植物学者、医学者。出島のオランダ船の船医となって世界一周旅行をし、1773年8月に長崎に着いて、その翌年オランダ商館長フェイトの侍医という名目で江戸参府旅行に随行し、その年の3月4日に江戸に向け出発し、ほぼ一ヵ月間江戸に滞在し、その年の12月に長崎を離れ、のちに旅行記を書いたが、当時の外国人旅行記の中で、日本に関する部分がいちばん資料的に充実しているといわれる。

※3　ヨハン・フィッセル（1800年～1848年）　オランダ商館員として文政3年（1820）から文政12年（1829）まで日本に滞在した。文政5年（1822）に江戸参府をした。

「私は日本が子どもの天国であることをくりかえさざるを得ない。世界中で日本ほど、子どもが親切に扱われ、そして子どものために深い注意が払われる国はない。ニコニコしている所から判断すると、子どもたちは朝から晩まで幸福であるらしい」（19世紀後半〈明治初期〉の日本をみた大森貝塚発見者でアメリカ人動物学者エドワード・S・モース※4）。

これらはまさに、日本の伝統である「子宝思想」（山上憶良『万葉集』巻五＝しろがね〈銀〉もくがね〈金〉も玉〈宝石〉もなにせむに　まされる宝　子にしかめやも）ですね。

以上のように、日本の戦国～江戸時代の子育ては、とても温和で、ゆったりしていて、子どもを大事にのびのびと、そしてたくましく育てていたようです。そして単に溺愛するのではなく、その一方では子育てに対する人々の知的関心も庶民に至るまで高く、数多く

※４　エドワード・S・モース（1838年～1925年）＝1877年（明治10年）標本採集に来日、東京大学の教授を２年務め、大学の社会的・国際的姿勢の確立に尽力。日本に初めてダーウィンの進化論を体系的に紹介し、その後横浜から新橋へ向かう途中、大森駅をすぎてからすぐの崖に貝殻が積み重なっているのを車窓から発見し、発掘調査して助手ら３人とともに土器、骨器、獣骨などの貴重な「大森遺跡」を発見）

の「育児書」が出版されていました。

著名な著者の育児書（この他、江戸時代だけでも百数十冊以上）

中江藤樹『翁問答』寛永17年（1640）、「鑑草」正保4年（1647）

山鹿素行『武教小学』明暦2年（1656）、『山鹿語類』寛文3年（1663）

「貝原益軒『貝原篤信家訓』貞享3年（1686）、『俗童子訓』宝永7年（1710）

荻生徂徠『六諭衍義』享保6年（1721）

安藤昌益『統道真伝』宝暦2年（1752）

上杉鷹山『輔儲訓』安永5年（1776）、『蒙養訓』寛政8年（1796）

脇坂義堂『撫育草』寛政8年（1796）

十返舎一九『児女長成往来』文政7年（1824）

そして日本を訪れた欧米人の言葉からもわかるように、同時代の欧米や中国では子どもをムチで打つなどの体罰が日常化していたため、日本での体罰の少なさは、当時の世界では際立った特徴だったのです。また、当時の藩校などの武士の教育・養成機関でも、ほぼ同じで、武士は誇りを重んじ、体罰は体面を傷つけると考えられていたことから、武士の教育でも体罰はほとんど用いられなかったのです。

これは、いわゆる「武士の情け」や「武士道」にもあるように、当時は、チャンバラ映画のように、簡単に刀を抜き、あちこちで殺し合いがあったのではなく、まず戦いも自分を名乗り「宣戦布告」をして始めるとか、背中を見せた（劣勢の）敵を攻撃したり深追いをしないのが暗黙のルールだったのを見てもわかると思います。

すなわち「武士道の基本的観点」というのは、「君に忠、親に孝、自らを節することに厳しく、下位の者に仁慈をもってし、敵には憐みをかけ、私欲を忌み、公正を尊び、富貴よりも名誉をもって貴しとなす」だったのです。

2、歴史的背景　その2＝明治以降

明治前期＝世界にさきがけてできた「教育令」で体罰を禁止！

そして、その後明治になっても、その精神は日本の「伝統・誇り」として引き継がれていました。その例として、次のようなエピソードがあります。

明治6年（1873年）に、できたばかりの明治政府の海軍兵学寮（のちの海軍兵学校）は、英国海軍少佐ドークラスを招聘し「新兵学寮規則」を制定した際、佐賀藩士出身の校長・中牟田倉之助氏は、「英海軍式の鉄拳制裁」を、武士の伝統と作法を説きながら、頑として受け付けなかった……。（鎌田芳朗『海軍兵学校物語』より）

さらにその後、明治12年（1879年）には「教育令」が定められたのですが、そこには「およそ学校に於ては、生徒に体罰を加うべからず」（第46条）と体罰禁止規定が明文化されました。このように、日本が体罰禁止規定を法文化したのは、欧米の大多数の国々よりむしろ早かったのです。それは当時、学校体罰の法的規制の最先進国であったフランスでさえ、（日本の）教育令の規定より8年も遅れて制定されたことでもよくわかります。

つまり江戸時代～明治時代前半にかけては、庶民も武士も、体罰そのものを強くきらっていたと言えるのです。

明治中期＝侵略目的の富国強兵政策と体罰行使

一方、尊王攘夷派主導の明治政府は、成立後は「開国和親政策」に転換するとともに、列強に国力・軍事両面で追いつくことによって条約の改正や国家の保全をめざすようになりました。そのため、西洋文明の積極的導入＝文明開化を推進し、地租改正や殖産興業で経済力をつけ（＝富国）、徴兵制や軍制改革により軍備を増強（＝強兵）することで国家の自立維持を図ったのです。陸軍は、フランス（後にドイツ）を模範とし、同様に海軍はイギリスを模範としました。

そしてやがて、日本の国力が一定水準に達すると、条約改正とともに列強と同様の「植民帝国」建設をめざすようになり、中国・朝鮮・南方への経済的・軍事的進出を模索するようになるのです。条約改正の達成と日清戦争・日露戦争の勝利が、これまで国家指導者や一部知識人の理論・目標にすぎなかった「富国強兵」を一般の日本国民にも現実として認識させ、明治初期以来の「富国強兵」「文明開化」史観を定着させることになったのです。

明治中〜後期＝日清、日露戦争勝利で体罰の常態化

まず、日清戦争（1894年 明治27年）以降「武士道」が「再評価」されるようになり、井上哲次郎に代表される国家主義者たちは、武士道を日本人の国民的道徳と同一視しよう

とし、列強との「厳しい戦い」を制するための軍事教練と「規律確立」のための道具として歪曲利用していくのです。

このように、軍隊における私的制裁から始まった「体罰」ですが、明治前期では士族が多かったので、その感覚が残っていたため、侍の上位者がその下の侍の顔を殴るというのは考えられなかった。侍は名誉心が非常に強いので、人格的な屈辱を与えてはまずいのです。ともすれば反抗してくる可能性がある。たとえ自分の主君であっても家来の侍を人格的に侮辱すると、死に物狂いで反抗してくることが考えられたのです。したがって、軍隊での私刑・体罰はむしろ武士的なものがなくなってから軍隊で始まりました。

そして、その後とくに1930年代になって、軍事教練から大きく学校教育へ還流し、その後も第二次大戦~敗戦と、まるで日本の「伝統」であるかのような勢いで、軍隊だけでなく、教育（学校）の中にも蔓延《まんえん》、定着していったのです。

第5章

いま学校では?＝教員の長時間労働・同僚性・中途退職など

1、教員の無定量長時間労働

まず、文科省の調査結果によると、2018年度にうつ病などの「精神疾患」の休職者数が5212人で、前年度比135人増となりました。

一方、現在の無定量長時間労働（残業）の根拠となっている「給特法[※1]」をさらに改悪する給特法「改正」法＝「変形労働時間制[※2]」が2019年11月衆院、12月4日に参院で可決成立し、2021年度から実施予定。

※1　1971年制定の「公立の義務教育諸学校などの教育職員の給与などに関する特別措置法」の略称。時間外勤務手当や休日勤務手当を支給しない代わりに、給与月額の4％の教職調整額を支給することを定めた。これ以後、部活など仕事量の急速な増加が加速された。

※2　繁忙期（4、6、10、11月）の勤務時間を増やし、その分を夏休み期間の8月に5日程度の休みに振り替えるという運用を想定。しかし、年休さえろくに取れていない現状では、むしろ業務量が増えるのでは、と懸念されている。

2、「同僚性」再構築の必要性

先日来メディアを賑わしている「東須磨小問題」にもあるように、教師の同僚間の関係性（「同僚性」）の構築が叫ばれています。

ところで私は、貿易商社マンから、ふとしたことで中学校の英語教員になったものの、教師としての「自覚」が薄く、生徒以外の方から「せんせい」と呼ばれることに強い違和感を覚えながらも、36年間の楽しくて充実した教員生活を送らせてもらいました。

ところがここ数年、ますます教育現場のことが気になってしかたがないのです。なかでもとくに気になるのが、職場での同僚性（人間関係づくり）のことです。

ここ数年、私の周辺だけでも、いったいどれだけの教師が「志半ばにして」休・退職したり、その判断を迫られている人が多いことか。もちろんその理由としては、表向きは一応「家庭の事情や一身上の都合」などが多いようだが、実態としてはかなりの部分で、同僚性に関係していると思われます。

ところで、そもそも教育（学校）活動を構成するものには、要約して、

①子どもとの関わり（実践）

②保護者・地域との関わり（同僚性）

③同僚との関わり

などがあります。

もちろん教師にとっては、①の子どもとの関わりがもっとも大きな比重を占めるし、悩みもやりがいも、これが基本ですね。しかしここ数年の休・退職の要因の多くは、①ではなく、③の同僚性に「逆転」しつつあるのです。もちろん二次要因（以前なら、子どもや親との確執を同僚間の励ましあいや支えあいで乗り切れたが、今は相談しにくいしできない）としての増加もあるようです。

3、具体的なケース

Nくんの場合＝新卒で中学社会科採用後2ヵ月で退職

Nくんは、教職の授業を担当したD大での受講生で、4回生時にA県の教員採用試験に難関を乗り越えみごと合格し、新卒の4月からY市の中学校に社会科教諭として赴きました。ところが、それからわずか2ヵ月後の6月13日、突然彼からメールが届きました。

「一身上の都合で退職しました。応援して下さったのに本当に申しわけありません」。

驚いた私は、すぐに電話やメールで連絡を取ろうとしたが返事が来ません。その翌朝、やっと次のようなメールが来ました。

「逃げ出した。ただそれだけです。子ども、保護者はいい人ばかりです。ずっとごまかして、かいくぐって黙ってやってきましたが、どうしようもないアホには教師は辛すぎました。なんとかやったろう、と2ヵ月はがんばりましたが、結局逃げ出しました。僕にとって教師は公開処刑状態でした」。

数日後、私は彼と二人で食事をしながら3時間近く語り合いました。あれこれ話したあと、最後に私は思わず「そうかー。辞めてよかったなー」と言ってしまいました。耳を疑うような実態に、とにかく心を病んだり、早まったことをしなかっただけでもよかったと思ったからです。

彼と話してまず驚いたことは、その学校の始業は8時05分で、一日の始まりである職員打ち合わせ、いわゆる「職朝」がないのです。いったいどうやって打ち合わせや確認をするのか？　係から小さなメモ書きが配られるだけで協議はなし。また職員会議や学年会議、教科会議なども月一回あるかないかで、それもほとんど形だけのものなので、子どものことや悩みなどとうてい言える雰囲気などはないのです。

ある日、こんなことがあったそうです。授業中に少し注意をした男子が、授業後に言いに来ました。「センセ、さっき怒られたんだけど、何点引かれるんですか？」。

またこんなこともありました。トイレのドアが破損されているのを見つけた彼は、それを生徒指導担当に言ったところ、なんのやりとりもなく、そのあと彼の机上に工具箱がおかれてあった。なんの状況聴取もなく、自分が見つけたんだから自分で修繕＝処理しておけ、ということらしい。いわゆる教師の「自己責任論」が徹底しているのです。

一方、職場の勤務実態はどうかというと、ほとんどの教師が連日夜遅くまで残っている上に、体育系部活のほとんどが、年がら年中、週3～4回は早朝の7時すぎからの朝練があり、なかには学校に泊まり、朝一で学校近くの銭湯に入り、そのまま出勤するという人もいたそうです。こんな状況の中で、N君はどんどん自分を追い込んでいくことになり、誰に相談することもなく辞表を提出してしまったのです。

Sくんの場合＝新卒で中学英語採用後1ヵ月で退職

まず、赴任早々から、副担任（50代女性）から、彼の学級経営に対して、「そんなやり方ではすぐに学級崩壊する」、「教育実習で何を習ってきたんや？」、「隣の先生のやってる通りに掲示物を作りなさい！」、「○○（生徒）と○○（生徒）が、このクラスの曲者やで」などのプレッシャー。

またクラス書類の整理をしている時に、（いやみっぽく）「一人で何でもできるから、私は楽ができるわー。ラッキー！」や「給食や清掃指導もでけへんねんなー！」。

また、英語のTT（Team Teaching）の同僚（50代男性）に、英語の授業の打ち合わせで内容確認をしたところ、「こうするって前に言ったやろ！　そんなんはいらんねん！」。それに対し説明すると、「なんでそんなこと言うねん？　ほんま、ムカツクなー！」。また、ワークブックを忘れた生徒に自分のワークを貸したあと、答え合わせで、教室にあったその教師のワークブックを借りたら、そのあと職員室で、「なんで勝手に使うんや？　最低やな！」。それに言いわけすると、「何や、その態度は!!」と怒鳴られ、職員室が騒然となる。そして今度は、まわりの教師が「とりあえず謝りなさい！」。そして校長室に呼ばれたが、校長も「先輩を立てて」というばかり。

そしてその翌日、学校に行こうとするも、電車内で動悸がおさまらず欠勤。家に帰って親のすすめで心療内科に行ったら、「自律神経失調症」の診断。

翌日（4月18日）、学校に欠勤の電話をする。校長は「明日家まで行くから」との返事。その翌日、校長が家に来る。そこでまた校長は、「もっと先輩を立てて」「以前はがんばるって言ってたやん！」と言うばかり。そのあと診断書を出して一ヵ月間の休職を告げる。

そして5月11日、学年主任より電話。「今君の代りに、私がクラスに入ってるけど、子どもたちも待っている」「クラスの写真を送るから」と後日写真を送ってくる。なぜかその主任も写っている。

5月17日、校長より電話。「明日から戻ってくるんやろ?」、「もうみんなにもそう言ってるからな」。翌5月18日、再び心療内科で「3ヵ月休職の診断」をもらい校長に連絡すると、「もっと早く連絡せなあかんやろ!」、「学校まで診断書渡しに来なさい」と言われるが、学校まで行けないことを言い、そのまま教育委員会へ退職する旨を伝える。

そして数日後、症状が収まらず辞職願いを出して退職したのです。

4、中途退職者増と現場的要因

ところで、このN君やS君のケースははたして特殊な例でしょうか? 志半ばにして不本意な退職をされている教師が今かなり増えています。しかし病欠者数とちがい、中途退職者数については、なぜか文科省は数字を公表しない。手元にある朝日新聞の調査では、年間15000人を超えているようです。これは、約92万人の教職員の1・5%超にもなる。なぜでしょうか?

考えられる要因

①「多忙化」と長時間勤務
②パソコン導入などのIT化↓会議の「簡略化」
③教委、管理職管理・統制と機能低下
④年齢構成が40代後半〜50代と20代〜30代半ばに二極化
⑤教員間での親睦や交流の場の減少

その結果、お互い「むだな気遣い」をして一人ひとりが「孤立」し、肝心の子どもたちのことがゆっくり話し合えなくなり、喜びや悩みなどを出し合ったり共有がしにくくなっているのです。

5、「同僚性」と「いじめ問題」

「いじめ問題」は「学び」のチャンス

いじめ・不登校問題にまつわる痛ましい事件が相次いでいます。

しかも、その後の行政、教育委員会、校長、警察、マスコミなどの見解や報道、対応などには「?」の連続で、本当に気が滅入ってしまいます。何かがおかしいと思いませんか？　では、それは何でしょうか？

まず共通しているのは、目先の対応（保身と忖度）に目を奪われ、「子どもの成長＝教育的観点」がどこかにおき去りにされている、ということです。

具体的には、マスメディアや「世間の目」を気にするあまり、①事象を隠蔽すること②対症療法的にくい止めること③責任所在の特定（責任逃れと押し付け合い）、などに走っている。その最たるものが、出席停止（東京品川区など）や警察の聞き取り調査（捜査）など、その場しのぎと「権力＝強制力依存」のやり方です

そしてそれらは、結局は、教師をして「子どもの問題は子どもに返す」という本来の教育的・基本的な観点を忘れさせ、「起こさせない、早期発見、迅速な解決」などに汲々とし、「子どもの学び」と「成長・自立」の絶好のチャンスを摘み取らせてしまうことになっているのではないでしょうか。

もちろん、「いじめ問題」は非常に根の深い社会的・構造的な問題でもあるので、一朝一夕には解決しないこともわかります。しかし「臭いものには蓋をする」ような対応なの

です。

「同僚性」再構築は教育の再生→いじめを克服できる集団づくり

ところで「同僚性」という観点からみれば、自分は他のみんなより劣っているのでは？という「不安や牽制」で、教師自身もお互い伸びる芽を摘み合ってしまい、理解し合い、認め合い、補い合いながら切磋琢磨（仲間同士励まし合って学徳を磨くこと）しながら、向上し合うことができにくくなっているのではないでしょうか。

そうなれば当然、子どもたちからみれば、「センセら、私らに言ってることとやってることがちがうんじゃないの？」という疑問や矛盾が払拭できないし、そんな中で「いじめはやめましょう！」と声高に何度叫んでも、また「いじめ撲滅」をスローガン化しても、決してなくすことなどできないでしょう。

今もっとも必要なのは、「いじめのない集団づくり」ではなく、「いじめを克服できる集団づくり」、すなわち学校（教育）のあらゆる分野で、子どもの自主性・主体性を育むような「創意あるとりくみ」を展開することではないでしょうか？　そしてそのためにも、学校や教員を評価（点数）だけで管理・統制をするのではなく、今まで営々と積みあげてきたいろんな分野での教育活動の成果をさらに前進させることこそが、今もっとも求められる緊急かつ重要な課題ではないでしょうか。

6、拍車をかける「教職員評価・育成システム」＝管理・統制の強化

このような状況はどこから来たのか？

社会的、現場的には前述のような要因もあるが、ここ十数年来それに追い討ちをかけてきたのが「評価・育成システム」です。文科省主導の下、東京、神奈川に続きここ大阪でも、2002年度試験的実施、2003年度試行、そして2004年度から本格実施されました。

それはまさに「評価・育成」という名のもとでの教員の管理徹底であり、教材選択から教授法、はてはあらゆる教育活動までをも管理・統制（規制）するだけでなく、各種処分＝降格、減給からはては解雇をもちらつかせて教職員集団をバラバラに切り崩し、孤立化させ、教師に文句を言わせず「ロボット」化させようとするものでした。

このような労働条件を無視した、現在の日本の学校の勤務実態のひどさは、まさに「ブ

ラック企業化」していて、これまた世界から驚きの目でみられています（私自身が外国に行くたびに、交流したその国の教員にいくら説明してもわかってもらいにくかった）。

○受講生Yさんの文

核家族化と両親のとも働き化が進み、今では子どもともっとも長い時間を共有する大人は両親ではなく教員になっているのではないだろうか？（中略）そして教員の仕事の範囲が大きく広がり、また仕事に対する責任は初任者、ベテランを問わず等しくかかることで、初任者にとってはとくに、責任はとても重く感じるのではないかと思う。

私たち大学生の中で、本当に将来の仕事について深く考えて、大学を選び入学してきた人は少ないと思う。実際に私も入学してからの経験で希望職がよく変わり、周囲の人に教員志望の理由をたずねても、『子どもが好きだから』『自分がいい先生に巡り合ったから』などがほとんどだった。

また「教員という仕事は子どもが好きであることが必須なので、そこさえしっかりしていれば何も問題ない、他は後からついてくるものだ」という話も聞くが、ただそれだけでは、採用された後、壁にぶつかってしまった時にどうすればいいのか？ 普通はそんな「壁にぶつかっている」初任者や若手を、経験豊かな先輩がサポートしてくれる仕組みがあれば安心だが、今はベテランの方でも対応に苦慮したりとまどったりするケースがある上に、最近では仕事について管理職から評価されるようになったことで、さらに皆がリスクを避けるようになってはいないだろうか？ それが今の私にはとても不安です。

7、同僚性の再生と構築のために

克服したい職員室の「ネットカフェ化」

このような状況の中で、同僚性構築（＝いい人間関係づくり）は、年齢構成や男女比、校種などによってその対応が少しずつちがうので、確かに難しい問題です。まして「管理・統制」がますます厳しくなる現状のなかでは、どうすればお互いが働きやすくて働き甲斐のある学校・職場になるのでしょうか？

具体的な留意点（現場的視点から）

参考までに、日常的にどこでもできることをあげてみます。

①すべてを自分の責任と背負い込まない

②できるだけ子ども（と）のことを話題にする
とくによかったことは必ず言うようにする

③うまくいかない時は誰かに相談する
その結果をお礼も含めて報告する

④悩んでいそうな人への声かけをする
きっと自分にも参考になる

⑤相談をかけられた時は、親身になって聞く
自分だけでは無理な時は、別の人にも声をかける

以上、まず言えることは、前記①~⑤のような状況にお互いがはまって（陥って）しまわないようにすることです。もちろん、どうしようもない部分もあるでしょうが、少しで

もそういう「意識を持ち、そんな仲間を増やすよう」に心がけるだけでも、きっと雰囲気や状況が変わるでしょう。

私自身は、教師集団が打ち解け、理解し合い、「仲がいい」というだけでも、子どももきっと心が休まるという信念で、毎年のように親睦会担当もやらせてもらったりして、「居心地のよい職場づくり」を心がけました。その結果、子どもたちからもよく、「センセら、ほんま仲ええなー！」と言われて、すごくうれしかったのを覚えています。

余談ですが、私の中学教師時代最後の学年集団は、ここ十年来毎年６～７回はみんなが集まり、当時の話で腹から笑い、すごく盛り上がっています。

8、学校が「楽校」であるために＝教師は潤滑油に

本来、教育は「開拓」であり、教師は「開拓者」です。また教育の基本は、「人と人の関わり」だと思います。そして教師は、子ども同士、子どもと保護者、子どもと地域などとの関わりをサポートするための「潤滑油」であり、お互いを意識し、信頼し合える「環境づくりの創造者」であるはずです。

また、本来の「教育改革」の中には、教師と子どもの潜在能力をどう引き出しどう伸ばすか、という基本的な命題があります。それらを実現するためにも同僚性の基本である相互理解、認め合い、協力、親睦、連携などを再構築させ、教師の個性や創意が発揮できる「働きやすい環境づくり」がいま求められています。ゆがんだ「管理」や「比較・競争の論理」では、ますます教師を弱気にさせ、萎縮させ、職場が疲弊化するだけで、ひいては生き生きとした教育活動など望めるはずもありません。ぜひ働きがいと生きがいを感じる学校、職場づくりを願ってこの章を終わりたいと思います。

「いい先生」とは？＝受講生Uくんの文

まず、生徒といっしょに学び、育っていける教師、そして生徒の意見を取り入れ何かに反映していけること。そして問題が起こった時に、決めつけをせず原因究明ができる、話す、学ぶ、遊ぶが好き、などいくつかのイメージが浮かぶ。

すべては教師が決めるのではなく、生徒に考えさせ決めさせる、これが一番近道だと思う。いいかえれば、子どもたちといっしょに「いい先生」になればいいのだ。

泣いたり笑ったり、怒ったり、時には傷つけ合うこともあるかもしれない。そんな時もしっかり考え、話し合い、理解し合っていくことが大切だ。腹を割って話し合うことにより、わだかまりが消え、信頼が生まれ解決に近づいていくと思う。

では学校はどうなのか？ 現実にはいろんなきまりや制約があって自由がきかない、ということもあるだろうが、それとは別の何かがあるように思う。それは「学校内の環境」ではないか。中高年と若年、男性と女性など、しかたのないことかも知れないが、一部にはそういうことも関係あると思う。

たとえば若い教師は、気持ちばかりあせり、いろんな壁にぶつかり挫折する。そんな時はそれらを乗り越えた中高年の教師がサポートをする事によって安心し、自信が出てやる気にもつながると思う。「決めつけ」は捨て、お互いが支え合い、刺激し合って成長すべきだと思う。そしてその上で、子どもたちからも学んでいき、「いい先生」が生まれるのではないだろうか。

一言でいえば「学び合い、尊重仕合い、理解し合える環境」がある学校がこれからのあるべき姿だと思う。楽しいばかりがいいとはいわないが、人は楽しくないと強くなっていかないし、壁や挫折を乗り越えられないのではないだろうか。

第6章

教師と「子ども力」

まず初めに、大学での「道徳論」の授業での学生の文を紹介します。

「道徳論」受講生の文＝「道徳」と個性

道徳とは？と考えた時、「人間のあるべき姿」ということが浮かぶ。これはある意味、人間の個性を制限しているように思う。道徳を否定、反対するわけではない。しかし「よいこと」と「よくないこと」ということが必ず存在する。つまり、ことの良し悪しを人から押しつけられるのは、本当の意味での道徳ではないのではないか？言いたいのは、道徳というものは、教えられるものではなく、「学ぶ」ものではないかと思う。

例えて言うと、悪いことをすると警察につかまるからやらない、というのと、人に迷惑がかかるからやらない、というのとでは大きなちがいがあると思う。だから、道徳というのは、行動として表面に出てこない、人間の内面の部分だと思う。しかし普段その人が何を思って行動しているかはわかりにくいし、それこそ人（個性）によって様々である。

このように、他人の道徳感はのぞけないし、行動としても、必ずしも表面には出てこないことが多い。したがって思うに、どこまで信じられるか、また信じてもらえるか、ということも「道徳の一部分」なのではないだろうか。

一方、個性というものが表面化した時、他人とぶつかってしまうことがあるのは、つまり一人ひとりが同じ人間ではないということで、常に起こりうることだ。それが時には道徳観（価値観）のぶつかり合いにもなり、高じて争いとなり、腕力、武力を使えば、ケンカや戦争にまでなることもある。

それは、よくあることだと思う。そしかしそこで、どちらかが、もしくは二人とも、またはまわりの人も含め、話し合い、「学ぶ」ことによって、そのぶつかり合いが解消（解決）するのではないか。

そういうやりとりやいろんなとりくみの中で、きっと子どもたちも学び、納得し折り合って解決し、人としても成長していくのではないだろうか。そういうことを伝え引き継ぐことが道徳であり、その体験が本当の道徳教育ではないだろうか。この授業の中で、僕はそんなことを考え、学ぶことができました。

授業を受ける中で、小部先生はそれを行っている人なんだと思うので、またこれからもこの先、自分の中で「道徳感」の疑問や迷いや出てきたら、先生と話してみたいんでその時はよろしくお願いします。

1、子どもは変わったか?

「今の子どもは変わったのか?」。この質問をよくされますが、あなたはどう思われますか?

その問いに答える前に、考えてほしいことがあります。子どもが変わったかどうかを問う前に、お聞きしたい。「大人社会は変わってませんか?」

たとえば、わが子を虐待したり、餓死させたりする親など、いったいどうなっているの?と思わせる事件が相次いでいます。

一方、教師は?というと、まるでマスコミの餌食になったように、眉をひそめるような事件が相次いで摘発されています。最近では、私のすぐ身のまわりにもいくつかの事件があり、マスコミに流され、懲戒免職などの処分を余儀なくされた教師仲間が何人かいます。

そして肝心の子どもたちはどうでしょうか？

なんかおかしい社会状況の影響をまともに受け、年々その指導が難しくなり、小学校低学年からでも「学級崩壊」が始まっています。

そのどれをとっても、一昔か二昔前には考えられなかったような事態や状況が現れています。なぜでしょうか？

その背景として私は迷わず、①少子化　②「情報化」の二点をあげたい。

あえて言うなら、多くの面でゆがみやひずみをかかえた社会状況の影響は子どもであれ、大人であれ、聖職者であれ、満遍なく普遍的に享受せざるをえない、ということです。したがってお互いがその責任を押しつけ合ってもなんの解決策にもならないことも明白です。

また、大人と子どもの「垣根」がなくなり、お互いが踏み入れてはならない、尊重すべきテリトリーに踏み込みすぎているのではないでしょうか。大人は、少なくなった子どもに構いすぎ、息苦しくさせ、「自ら育つ力」を摘み取ってしまっているし、子どもは、社会経験もないままに、かつて対岸の景色のように遠くから見ていた大人社会が目の前でみられるようになったし、またその中に踏み入れることも容易になりました。そしてその結果、お互いの「間合い」がとてもとりにくくなったし、妙な遠慮や引け目などの確執を感じつつ接せざるをえなくなりました。

大人と子どもという区分（カテゴリー）や領分（テリトリー）を設けるとしたなら、大人は常に子どもに情報や生きる方策などを提供し、または押しつけたりしてきたし、時には「儲けや利潤の対象」としてきました。ただし中には、絵本やアニメのように、「よくもこんなに子どもの関心や要求、世界がわかるものなんだなあ」と感心させられる分野もありますが、おしなべていえば、「大人ってずいぶんよけいなことしているなー」って思うし、子ども側からすれば、もう少しそっとしておいてくれよなー、という感じではないかと思うのですが、どうでしょうか？

一方、大人社会はどうかというと、情報化やＩＴ化が進む中で伝達や調査などが容易になったし、たしかにすべてが大幅にスピードアップされました。ところが、皮肉にもその結果、われわれの仕事が簡素化し、働く時間が減ったのかといえばそうではありません。また、家族との団らんなり会話が増え、お互いがより親密になったかというと、それも残念ながら必ずしもそうではありません。自殺、過労死、ワーキングプアー、派遣労働、引きこもりなどの問題も深刻化しています。

では、日本だけではないこういう現状をどうすれば打開できるのでしょうか?「人間(人類)は後戻りはできない」という実情の中で、一瞬我を忘れて立ち止まって途方にくれそうになりますが、なんとか「自分に与えられた使命」なのではと、無理矢理自分を鼓舞し、あえてこの命題に挑戦してみたいと思っているしだいです。

中3のAさん「先生、聞いて!」=卒業前の班ノート

「〈髪の毛をくくりなさい〉とか〈白い靴下をはきなさい〉とか先生たちがよくいう。〈集団生活が乱れる〉かららしい。そしたら、髪をくくらなかったり、靴下に色がついていたら集団生活が乱れるんですか?

ある先生は〈君たちがそうしたいなら生徒会にいえばいい。それで通ればそうすればいい〉といわれた。でもそんなことできるわけがない。成績や内申を気にしている子らにそんなことを提案してもけっして行動に移そうとはしないからです。やる前からそんなことをいってもしかたない、といわれるかもしれない。私も行動する前からあきらめるのは大

きらいだ。

また、ある先生に〈集団生活の中で必要な最低限のルールをいってるだけだから守ってほしい。そうしないとまじめにやっている子がバカをみるから…〉と何度もいわれた。そのたびに私は、〈なにがまじめや。そんな子学年で数えるほどしかおらんわ。その他の子は、ただまじめにやっているように見せかけてるだけや。ほんとはおしゃれもしたいし、違反もしたいと思っているにちがいない。ただ内申のためにやらんだけや〉と心で思っていた。

ほんとに悪いと思ってせんのやったらえらいと思う。でもちがう。内申のためや。そんな子らに限って、運動会や文化祭の準備になると〈ごめん、用事あるから…〉とか〈塾やから…〉って、すぐ帰ってしまう。またたとえ手伝ってくれたとしても、〈いやー〉っていうのを丸出しでやっている。だからそんな子らとやっても、うまくできるわけがない。

反対に、日頃先生に反発している子ほどすごく協力してくれる。たとえば4組のYさんです。文化祭の時のあの子は、一人で残って宣伝用ポスターを作ったり、効果音をいっしょうけんめい選んだりしてすっごくがんばってくれた。そんな時ふっと、〈先生たちはこの子らのこと、ちゃんと見たってるんやろか？　この子らが、ほんとはどんな性格なのかわかってるんやろか?〉と思うことがある。〈反発してるから、こいつはあかん〉って、心のどこかで思ってると思います。絶対です。そんな表面的な見方しかできない大人がいるかぎり、学校もそして日本の国もよくならないと思います。

私は学校の靴下の色を変えるのも、日本をほんとにいい国にするのも結局同じことのように思うのです。そして私自身『経済大国』なんていう殻につつまれたちっぽけな『先進国日本』を、ほんとうの意味で先進国と言えるような国にしていける大人として仕事をしていきたいと思っています。

2、それでも子どもはがんばっている＝生徒会顧問として

今回、三年生代表に立候補しました3年3組のGです。ぼくは、今までバッジを2個以上胸につけたことがありません。[※1]

※1　バッジ2個（校章と組章）はみんながつける。

この学校におれるのもあと1年。何か役に立とうと思っています。そこで、この学年代表に立候補しました。

ところでぼくは今、クラスの修学旅行委員をしていますが、初めはこの仕事をやれるのか、という不安でいっぱいでした。この前の修学旅行委員会の時、すごい議論になってぼくはすごく燃えました。いつも口数の多いぼくは、そういう仕事ははっきり言ってきらいではありません。とりあえず、この仕事は気にいってます。

今になって、なんでこんなに楽しくて人のためになる仕事をしなかったのだろうか、と後悔しています。でも、1年生にもどるわけにはいかないので、これからのことを考えました。それで今回学年代表に立候補したのです。

ところがいざ立候補してみると、対戦相手ともいうべき人物は、あのM君ではないか。M君といえば、前回の生徒会会長で、小学校時代もいろんな役員をしている児童会・生徒会の大ベテランです。なによりも、1年生の時にぼくはひやかし半分で学年代表に立候補し、あっけなく負けたことがあるのです。だからといってぼくが、ここで絶対にM君よりいい働きをしてみせます、といったところでみんなの心は動かないと思います。そこでぼくはぼくなりに、M君とはちがった味を持っているということを今から説明しようと思います。

まずM君は、どんな行事でも無難にクリアーしていける確実さと完璧さを持っています。それにひきかえぼくは、行事をからくもクリアーできるくらいで、ひょっとしたら満足に成功できないかもしれません。でも、M君とはひと味ちがった形で行事を成功させれるかもしれません。いや、絶対に成功させてみせます。

競馬でいえば、M君は本命馬で、ぼくが穴馬みたいなものです。穴馬というのは、ふだんはあまり1位にはなっていないけど、1位になったら賞金が何倍にもなる馬のことです。しかし今ぼくは、本気で行事にとりくむ気になっています。穴馬は穴馬でも、かなり1位になる確率の高いダークホースだと思ってください。

みなさん！　本命のM君を選ぶか、ダークホースのぼくを選ぶかはみなさんの気持ちしだいです。でも、もしぼくが当選したら、M君の分までいっしょうけんめい行事にとりくみ、必ず成功させてみせます。ですから、3年生の学年代表には、このGをどうかよろしくお願いします。


（原文のまま。ただし、平仮名が多くて読みづらいので、適当に漢字変換をしている）

ある年の生徒会役員選挙で3年生の学年代表に立候補したヤンチャ坊主G君（前年度には、夜中に校舎に侵入し、廊下の窓の下の壁にスプレーで10mほどの落書きをした）の演説です。

この時、三年生の学年代表候補にはこのG君とM君が立候補しました。M君は小学校時代から児童会役員を経験し、中学校に入ってからも勉強面だけでなく、野球部でも中心選手として活躍、その上前回は生徒会々長としてその任をはたし終えたばかりでした。いわばエリート中のエリート。競馬ウマでいえば、さしずめサラブレッドです。（G君は日頃からお父さんに連れられて競馬観戦に行っていたのです。）

一方、G君といえば、入学以来の「問題児」で、学力も低く生徒会とは縁のない生徒でした。だれが見てもどちらが学年代表に適しているかは明らかです。われわれ教師も「かわいそうに……。運の悪い子やなー。」と、誰もが思っていました。

後日談によると、G君はその選挙を中学生活最後の「一世一代の大仕事」と考え、文字通り三日三晩作戦を練り、このような演説文を考えたのです。

そのあと演説の原稿を見せてもらうと、ゆっくりいう所や力強くいう所、また間合いをとる所まで書き込み、それをほとんど暗唱できるまで何度も何度も練習したそうです。司会がG君を紹介したあと、ざわついていた会場も、彼の演説が始まるやいなやその真剣さに圧倒されて静まりかえり、終わったあとは大喝采でした。

そしてその日の開票の結果、G君が大差で圧勝したのです。みごとな逆転勝利でした。そしてその後のG君はまるで生まれ変わったかのようながんばりを示し、その任を全うしたのです。

3、2年生Bさんの場合＝両親の離婚危機とのはざまで

Bさんの班ノートから

久しぶりの午前中授業でクラブも休みだったので、弁当だけ食べて家に帰った。しばらくすると、お母さんが買い物から帰ってきました。あれこれしゃべってるうちにお弁当の話になりました。

母：あんた。今日は午前中授業やったし、クラブもないのになんでお弁当がいったん？

私：だから、運動会の練習があると思ってたからやろ。

母：学校でお弁当なんか食べたらあかんで、生意気な！

私：学校でお弁当食べたら、なんで生意気やのん？

私が言い返すと、お母さんも笑いながら私の頭を『パチン！』とたたきました。『いって～！』私はなんでたたかれなあかんのか不思議に思った。

それに対して私の返事です。

「おもしろい話やなあ。それにしてもお母さん、何か悩んでいるのかな？」


それからしばらくして、明るくてやさしい笑顔のBさんの表情がどうも冴えないことに気がつきました。何か心配事があるのかな？と思って聞いてみると、心の内を少しずつ打ち明けてくれました。そしてそのあと、ポロポロと涙を流し始めたのです。どうも両親がもめているようです。翌日、彼女が手紙をくれました。

Bさんからの手紙

今の状態だったら、もうだめだと思う。お母さんは実家に帰るっていってるし、あとは子どもの引き取り合いでもめているみたいです。私が何をいってももうだめな状態で、いくらやっても今度は不可能だと思います。

　おばあちゃんのところに泊まった日、おばあちゃんはわたしにいろんなことを聞きました。たとえば『もし、お母さんとお父さんが別れたらどうする？　あんたは弟と妹のめんどうみれるか？』とかです。その他、いろんなことを聞かれたけど、なぜか答えにくかった。おばあちゃんの話を聞いてても、やっぱりてってい的に決まっているような感じでした。

　もし、私がお母さんの方へいけば、学校も変わらなければならないし、こっちへ残るにしても、おばあちゃんの家に住むからどっちにしても転校することになります。でも、絶対に私は転校したくありません。お父さんともお母さんとも、離ればなれに暮らしたくありません。だから、またもう一度立ち直らせるしかしかたがありません。私もなんとかがんばってみます。


　この手紙を何度も読み返した私は、なんとかできないものかといろいろ考えた末に、Bさんの了解を得て、次のような手紙をお父さんに書きました。

私から、お父さんへの手紙

突然のお便り、まことに失礼します。さてこのたび、娘さんからご両親の件で相談を受けました。いつもやさしくて明るい娘さんが、ためらいながらご両親のことを打ち明けてくれた時は本当に驚きました。そしてその後、現在に至るまで、担任として気をつけながら励ましてきました。そして本人もそれに応えて、悲しみに耐えてクラスのみんなとともに、元気に明るく過ごしてくれているのを見て、私もとても救われています。

一方先日は、お母さんに学校に来ていただき、いろんな角度からお話させていただきました。もちろん、お母さんのお話だけを鵜呑《うの》みにしているわけではなく、お父さんの忍耐や苦しみもよくわかっているつもりです。

私自身も24歳で結婚し、今日までけっして順風満帆《まんぱん》で来れたわけではありません。26歳で長女が生まれ、いろんな事情で6年後に長男が生まれました。その間、妻の仕事（看護士）の関係もあって、お互いがクタクタになり、時にはボロボロになりながら今日までなんとかやって来れました。そして、二人の子育てをし、また教師という仕事にたずさわる中で、子どもたちに逆に教えられ、励まされてきたことも忘れることができません。

娘さんを見ていても、ご両親を心から慕っており、本当に純真ないい子に育てておられ、ご両親の努力がはっきり現れているように思います。

このような中で今回の件を聞き、また娘さんの苦しんでいる姿をみるにつけ、担任としてどうしても看過することができずお便りしたしだいです。

もちろんご夫婦の問題で、担任の私がとやかくいえる筋合いなどまったくないのもよくわかりますが、結果は別として、できれば一度お会いしてお話しする機会を持っていただければと思うしだいです。

もしそうしていただければ、同じ子を持つ父親としてわかり合えることがあるかもしれませんし、また私の話も何かの参考になるかもしれないと思っております。

まことに不躾なお願いで恐縮ですが、何とぞ意のあるところをおくみとりいただきますようお願い致します。ご返事をお待ちしております。

敬具

そのあとは、私の予想通り？お父さんからはなんの返事もありませんでした。でも私には、お父さんが手紙を読んでくれたことはわかっていました。きっと、父親としては気まずくて返事は書けなかったんでしょうね。

数日後、やや明かるさをとりもどしてきたBさんに家の様子を聞いたところ、にっこり笑って言いました。「なんか、ようわかれへんけど、お父さんは毎日帰って来るし、別れへんみたいやわ」。

そしてその後Bさんと入れかえに入学してきた弟に、ある日にそっと「どう、お姉ちゃん元気にしてる？　それとお父さんとお母さん、仲良うしてはる？」と聞いてみたところ、彼は「うん、元気やで。おとんとおかんも、仲良うしてるで。まあ、たまにはけんかしてるけどな」と言ってくれた。めでたし、めでたし!!

第7章

授業で発揮する「子ども力」

1、キング牧師夫人コレッタさんからの手紙

今から15年前、私宛にアメリカから一通の手紙が届きました。
アメリカの公民権運動の先頭に立ち、１９６４年にはノーベル平和賞を受賞し、４年後の１９６８年４月４日に凶弾に倒れたキング牧師のコレッタ夫人からの手紙でした。

Dear Mr.Obe　　April 4 2005

① I just wanted to write a brief note to thank you for the letters which were written by the students in your English class.
② The letters are heartwarming, and I appreciate your thoughtfulness in forwarding them to me.
③ Please tell your students to continue to read and study about my husband, Dr.Martin Luther King, Jr., and his life, and read books that he wrote.
④ I hope they will grow to be like him and someday help those who need help.

THE KING CENTER

April 4, 2005

Mr. Osamu Obe
1-12-12-803
Kosaka, Higashi
Osaka City
Osaka, JAPAN

Dear Mr. Obe:

I just wanted to write a brief note to thank you for the letters which were written by the students in your English class. The letters are heartwarming, and I appreciate your thoughtfulness in forwarding them to me.

Please tell your students to continue to read and study about my husband, Dr. Martin Luther King, Jr., and his life, and read books that he wrote. I hope they will grow to be like him and someday help those who need help. Dr. King gave his life loving and serving others.

Sincerely,

Coretta Scott King

Coretta Scott King

Km

⑤ Dr.King gave his life loving and serving others.

Sincerely,

Coretta Scott King（本人署名）

日本語訳

小部さんへ

①あなたの英語の授業で、生徒が書かれたメッセージ（ビデオメッセージもあり）に対し、簡単なお礼の言葉を書きたいと思います。

②あの生徒たちのメッセージは心温まるもので、彼らを成長させようとするあなたの思いに敬意を表します。

③どうか、あなたの生徒さんたちに、これからも私の夫キング牧師やその人生について読んだり学んだりし、また彼が書いた本を読むようお伝えください。

④私は、彼らが大きくなり夫のようになって、援助が必要な人たちを助けるようになることを願っています。

⑤キング牧師は、その生涯を、人を愛し、仕えることに捧げてくれました。

敬具

コレッタ・スコット・キングより

手紙の左の欄外に書いてあった「The King Center」の役職（機構）

・Coretta Scott King（夫人）：　Founder（創設者）
・Dexter Scott King（次男）：Chairman（責任者、代表）
・Martin Luther King, Ⅲ（長男）：President and CEO（会長　兼　理事長）
・Christin King Farris（長女、既婚）：Vice Chair, Treasurer（副会長、会計）
・Bernice A. King（次女）：Secretary（秘書）

以上ですが、キング家総出でやっておられるようです。

Coretta Scott King
Founder

Dexter Scott King
Chairman

Martin Luther King, III
President and CEO

Christine King Farris
Vice Chair, Treasurer

Bernice A. King
Secretary

2、授業とは?

「授業わかれへん!」「授業おもんない!」。生徒の口からよく出る言葉です。単なる生徒本人の努力不足の言いわけや口実かもしれません。でも、なぜかこの言葉は教師には重く響きます。

「授業で勝負したい!」「なんとか子どもに、こちらを向かせたい!」。これはおそらく、どの教師も願っていることでしょう。ところが現実は、その他の仕事(学級のこと、生徒指導、部活の指導、年々増える会議や書類書き等々)の忙しさや、教科書を主にした進度の束縛などもろもろの事情もあり、思うようにはいきません。

私自身、中学校教員生活の中で毎年のように学級担任をし、部活では柔道部、野球部、男女バスケットボール部と、ずっと主顧問(監督)としてやらせてもらう一方、毎日の授業をなんとか納得のいくものにして、子どもたちと「学ぶことの喜び」を共有し、自分たちの「思い」をきちんと表してほしいと願い続けてきました。もちろんこの「管理社会」と学校制度の中でやれることには限界があるにしても、教師をやっている以上、またこれで「めしを食っている」以上、なんとかしなければと思い続けてきました。

元々教師になる気はまったくなく、専門の中国語を生かせるようひたすら商社マンを夢見、学生時代の「暇」にまかせて教職課程をとり、教職免許（英）を取得したにすぎません（当時の大阪外大の教職免許は英語のみ）。そしてそのために行った教育実習では、生徒たちとよくしゃべったり遊んだりして、ほんとうに楽しく過ごしたにもかかわらず、教師になろうとはまったく思っていませんでした。

そんな自分が、こんなことを言えた柄ではありませんが、とにかくこの現状をなんとかしたい、という思いから、最後の3年生の子どもたちが、主体性のある自己表現をし続けてくれた実践をふり返ってみたいと思います。

3、市教研（公開授業）のこと＝すべて生徒だけで進める授業

1　ある日の職員室で

三年生の一学期のある日、僕の隣の「こわくて、やさしい」N女史。

Nさん「小部ちゃん、来週、研究授業やで。覚えてる？」

私　「え！　なんやて？　ウソー、なんで？」

Nさん「二学期初めの学年会議で『やったるやったる！』って言ったやろ？　しっかりしてや！」

それを聞いて、大きくうなづくまわりの同僚たち。

一瞬絶句して、青くなる僕。

「えらいこっちゃ、どうしよう？」。

私は焦りました。

2　市教研の授業を「しんどいクラス」で

その年度、3年生5クラスのうち3クラスを受け持っていた私は、当初は、落ち着いていてやりやすい3年5組で「研究授業」をしようと思いました。他校の先生方が来られる研究授業だからそれが当たり前かもしれません。ところがしばらくして、いつもの私の「遊び心」が動きました。「いや、ちょっと待てよ。教師生活最後の研究授業なんだから、イチかパチか、学年でもっとも騒がしくてやりにくい1組でやってみよう！」

翌日の3年1組での生徒とのやりとり

私「あのなー、来週の木曜日、市の研究授業やねんけど、1組でやることにしてん…」

生徒「エ～、ウッソー！　なんで～？」

私「ほんまはな、5組が静かやし、5組でやろうと思うてんけどな……」

生徒「ほな、5組でやったらええやんけー。なー、みんな！」

生徒たち「そーや、そーや!!」

私「そら、そうやわな。この1組は、ほんまやかましいし、いつも動物園みたいやっていうてるしな。でもな、この前の体育大会でも学年優勝したし、前からなんかやれるクラスや思うててん。それに、センセの最後の研究授業やし、いっぺんこのクラスでやりたかってん」

生徒「？……、ほな、しゃあないなー、やったろかー」

とまあ、なんだかよくわからない理由で、3年1組で研究授業をすることになったのです。

授業は「小先生方式」で

さて、いよいよ研究授業の当日。

運悪くドシャ降りの雨の中、市内14校60人弱の英語教師の内42人の教師、4人のALT（外国人教師）が参加してくれました。ところが、先ほども書いたように、特別な準備をしていたわけでもないし、その上、「**小先生方式**[※1]」というそんなに経験もないやり方で進めることにしたので、いったいどうなることやら「不安がいっぱい」の研究授業でした。

※1　基本的には教師（大先生）のかわりに生徒（小先生）が授業を進めるやり方。その昔、滋賀（中）の一宮和一郎先生の研究授業を参観した私は、これはぜひ自分もいつかやってみたいと思っていたが、なかなかできずにいた。そして1年生から受け持ったこの学年が3年生になり、最後のチャンスなので、一学期中間テスト後の6月頃から希望者を募り、やり始めた。

「生徒による、生徒のための」授業

当初なかなか希望者が出てこなくて、こちらから指名（依頼）して始めたところ、それを見ていた他の子らもしだいに興味を持ち始め、次々と申し出てきて、そのうち順番待ちをしてもらうまでになっていきました。

それと、もうひとつの理由は、その頃本校に来ていたＡＬＴの、「アメリカでは、小さい頃はみんなシャイだが、大きくなるにつれてそうではなくなるのに、なぜ日本人は逆なのか？」の疑問に悔しい思いがしたので、「ヨーシ、それならオレがやってみたろやないか！」という気持ちがあったのも確かです。

それまでの小先生方式はだいたい日本語で進めることが多かったのですが、その日の小先生（二人）には「できるだけ英語（All English）でやってみないか」、と提案。それも本番わずか二日前でした。例のごとく二人は「えー、マジでー？」。私「マジやでー！」で決まり。あとは二人にまかせることにしました。

まさに「生徒による、生徒のための授業」に。

「I have a dream.」＝三省堂『ニュークラウン』3年生　第6課

ご存知のように、この教科書『ニュークラウン』は、本文は少ないが、題材としては平和、飢餓、環境問題などを積極的にとりあげていて、けっこうおもしろく、私は気にいっています。

この課でも、公民権運動の指導者であり、ノーベル平和賞を受けた（1964）あと凶弾に倒れたキング牧師（1928〜1968）のあの有名なスピーチ「I have a dream.」の一部を引用したり、キング牧師とともに公民権運動でがんばったローザ・パークス氏の「バス座席事件」[※2]などをとりあげ、人種差別問題を前向きにとらえていて、ぜひじっくりとりくみたいと思っていました。

まず、小先生用の簡単な教案だけ渡し、具体的な内容は二人の小先生（生徒）にまかせ

※2　1955年12月1日、アメリカ南部アラバマ州モンゴメリー。勤め帰りのバスの中で、白人のために後部座席の「黒人専用席」に移動するよう運転手に言われたが、それを断固として拒否した女性ローザ・パークスさんが逮捕された事件で、これをきっかけに当時26歳のキング牧師も含め、大きな「バス乗車ボイコット運動」に発展し、この制度を廃止せざるをえなくなっていった。

たので、どんな展開になるかは当日までわかりませんでした。

3　当日の授業＝オールイングリッシュで

ではお待たせしました。ただ今より全五幕六場の始まり、はじまり〜！

第一幕の一場（プロローグ）

〈小先生のＫくんとＯさんのあいさつ〉

Stand up everyone!　Good afternoon.

(OK. Sit down, please.)

Ｋくん

Hello everyone.　My name is K.

Nice to meet you, ladies and gentlemen!

Thank you very much to come to our school.

I am a today's Student English teacher.

I'll try to do my best, and support me, please.

Oさん

Hi, my name is O.

OK, friends. We have an open class, today.

So many teachers from other schools are coming here.

Please be relax, and do your best.

OK. Let's start today's class!

第一幕の二場

〈英文カードで紅白戦〉＝２チームにわかれて、英問に答える

The first program is a practicing English conversation.

当日の授業

Please separate 2 groups, red and white.
OK. Will someone come here from each of 2 groups?
Does anyone try?
（小先生の問いかけに、ノリよく何人かが手をあげる）
OK. ～kun, come here please.
（～くん、前に出てくる）
Are you ready?
Please look at these cards.
Take one sheet from these cards, please.
（前に出させたら、英文質問カードを1枚引かせる）
I ask you the question, and you answer me in English, please.
If you answer correct, you get 10 points.
When you can't answer, a member of your group can answer instead.
Then, you can get 5 points.
OK.now, let's get started.

留意点

・得点表、基本的ルールを板書しておく
・小先生は大きな声で質問する
・10〜15秒以内に正解したら10点
・ダメな時は、同じ班の人が答えてもよい→5点
・得点を板書したら、次のグループの人を前に来させる
・その日の時間によって3回〜5回戦をおこなう
・その合計点で勝敗を競う

第二幕

〈英文絵日記「My Summer Vacation」の暗唱発表〉

これは夏休みのうちの3日間を選び、その日の日記を絵と英文で表すもので、これが予想以上のでき映えで、その後のおもしろいとりくみ（後述の「I have a dream.」生徒版）に発展していきました。

・Oさん＝OK next, I'll give you some speeches of "My summer vacation.".
No.1 is　～kun, please.
No.2 is　～san, please.

研究授業のこんな日に「運悪く」暗誦発表に当った四人は、前日、「えー、そんなんいややー！　恥ずかしいわ」と発表に難色を示しました。確かにその子らはおとなしい子ばかりで、他の「やりたがり屋さん」ではなかったのです。

ぼくも順番を変えてみよう

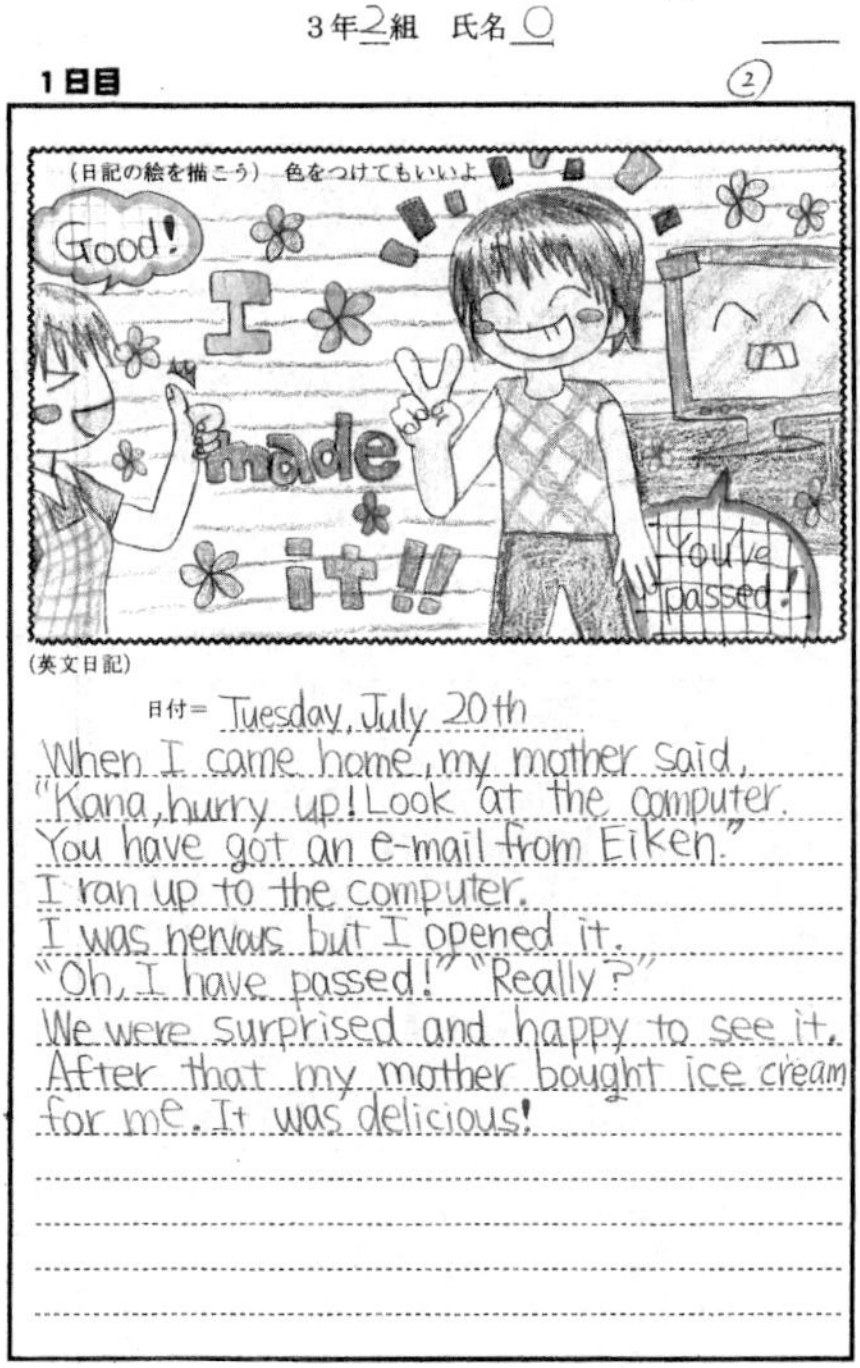

か、とも思いましたが、ふだんから宣言している「特別扱いをしない」のモットー通りに、甘い顔を見せてはならじ、と励ましてやらせることにしました。そして、当日休むのではないかとさえ案じる子もいたのですが、四人とも来てくれたのです。

その励ましの言葉とは、単純に「①大きな声でいう ②しっかり前をみる ③まちがってもあわてない（みんなは原稿を知らない）」でした。そしてその言葉通り立派に、四人とも実に堂々と発表してくれました。少しきびしい注文でしたが、きっといい経験になったのではないでしょうか。

3年2組　氏名O

2日目　③

（日記の絵を描こう）　色をつけてもいいよ

（英文日記）

日付＝Saturday, July 24th

Today was Osaka badminton match.
We had four games.
The first game was 21-4.
I was nervaus but we won.
The second game was 21-2.
We won easily.
The third game was 21-18.
At first we were losing the game 4-11,
but we turned the game! We won!
The last game was 11-21.
We finaly lost the game. We were sorry for tha
But, we were in best 16 in Osaka.
We were happy.

第三幕

〈スキット「ローザ・パークスバス事件」上演〉

その数日前の放課後、「小部先生、なんかたくさんの子が教室に残って英語劇の練習やってるでー」と職員室に戻って来られた先生方。

「ん！　そんなにまでしろといった覚えはないねんけどなー」と僕。

内心、その熱意に感動しながらも、「受験勉強もあるし、ホドホドにしてくれへんかなあ」というのが正直な気持ちでした。でも、いったん火のついた子どもたちの気持ちはもう止められず、その後も、各クラスでの「スキット上演」はますますヒートアップして、それぞれのクラスでのコンクールにまで発展していったのです。

一方、みんなで手分けして、黒人解放運動やローザ・パークスさんについての調べ学習もやっていたので、生徒たちはしゃべる練習だけでなく、セリフを付け加えたり発音の研究などもやっていたことが、しだいに他の先生方からの情報でわかってきました。なぜなら私はといえば、放課後は部活指導で忙しかったので、よくわからなかったのです。他の先生方も、いっしょにあったかく見守ってくれていたんですね、きっと（そう思っておきましょう)。

では、またまた授業にもどりましょう。

Kくん

Now we'll show you short skits.
The title is "Rosa Parks in the bus"
We have two groups' skits.
Enjoy yourselves, please.
Let's get started.
Group 1 :The team name is ~. （チーム名をつけた）
Group 2 :The team name is ~.

最初のチームAは、文化祭で1時間の力作ミュージカル「命《ぬち》どう宝」の主役でみんなを引っ張ったT君のグループで、早くから練習にとりくんだ結果、この日もT君を中心にみごとな発音と演技で参加者の先生方の感動をよびました。また、女子でローザ・パークス役をしたKさんは、いつもはまともに授業を受けないのですが、この日ばかりは最高の演技を見せてくれ、その発音の良さにはぼくもびっくり。授業後思わず、「なんで、ふだんからちゃんと発音してくれへんねん？」とぼやいてしまったほどです。やはり、いい教材が彼女の心を動かしたのでしょう。

きわめつけは、最後にみんなで拳をかざして「We' ll fight for justice!」と叫んだのにはまいりました。

続いてチームB。女子の役者不足で、どこかから調達してきたアフロヘアーのカツラを男子がかぶり、ローザ役をうまく演じて大受けでした。あとで聞くと誰かがお母さんのカツラを借りてきたそうです。まあ、家族もいい迷惑ですよね。

このようにして、この2チームの上演が終わった後、とっさの思いつきで、あまり教育的ではないのですが、参観の先生方にどちらがうまかったかの判定を仰ぐことにしたのです。

すると、ぼくはどちらもうまくて互角かなと思っていたのですが、結果は圧倒的多数でAチームが勝ったのです。

「こりゃ、えらいこっちゃ！　Bチームの生徒が怒るわ」と思い、あらためてAETの先生に聞いたところ、これまたこれまた文句なしにAチームの方がよかったと言われたのでもう万事休す。

さあたいへん。案の定Bチームのメンバーは、「えー！　なんでやねん？　もう1回やらせろや！」のブーイング。しかたなく私は、後日再上演を約束してなんとかその場を切り抜けました。「あー、めったなことで、しかも研究授業などで優劣をつけるものではないな」、と肝に銘じたしだいです。

第四幕＝時間があまり、目の前真っ白！

〈教科書の音読と訳〉

さてみなさん。50分間の研究授業が30分で終ってしまい、15分も余った経験などおありでしょうか？　正直言いますが、思わず「ああ、どうしよう、夢であってくれ！」と、ふだん信じてもいない神にもすがる思いでした。

なんと、この日の研究授業のメニューは、小先生たちの手際よい進め方とみんなの積極的な協力により50分メニューの授業が30分で終わり、なんと三分の一の15分も余ってしまったのです。

なぜ、こんなことになってしまったのでしょうか？　実はぼくがこの生徒たちを見くびっていたからです。やはり「生徒を信じない教師」に対して神が天罰を与えたとしかいいようがありません。いやきっとそうだと思います。

でもね、みなさん。この1組というのは、先ほどもいったように、ふだんはまるで「動物園」状態のクラスで、同じことを教えるのに静かな5組に比べると1・5倍は時間と労力がかかるんです。授業がすんだら、還暦を迎えた僕などは、もう喉がカラカラでヘトヘトになるんです。ましてや、こんな小先生方式の授業なんだから、予定より時間が延びることはあっても早まることはないだろう、と思うのが当然ではないでしょうか？　また内容的にも盛りだくさんで、ぼくがやったとしても、時間通りにやり終えるのは難しいと思うのです。

ところがところが、ちがうんですねー。子どもというのは、まかせられてその気になれば、想像もできない力を発揮するものなんです。教師生活の最後にこんなことを言ってる場合じゃないのですが、「子どもの力を信じることの大切さ」を痛感させられたしだいです。

そんなぼくの「絶体絶命の大ピンチ」を救ってくれたのが、なんと！　ふだんからよく「もう、君さえだまってくれたら授業が早く進むんやけどなー」などと面と向かって言い、それに対していつもふて腐れていたあのスキットAチームのT君だったのです。

時間が余り、予定にはなかった教科書に戻り、なんとかその場を繕おうとする顔面蒼白状態のぼくを見たT君は、サッと手をあげ、「センセ、オレが読んだろか？」。

「ん!?、ほんま？　ヤッター！」。心の中でそう叫んだぼくは、渡りに舟とばかりに、「よっしゃ、ほな頼むわ！」。

あれよあれよという間に1ページ分を読み終えたT君は、すかさず日本語訳に入りました。すると、またそれを聞いていたY君が、「ハイハイ！　オレにもやらせてーや！」と挙手。そして「時間かせぎ」をしたい僕の制止を聞こうとしないT君がちょっと訳をもたついているすきに、Y君がすっと立って訳をし始めたのです。

その二人の絶妙のタイミングと、読みと訳のうまさに、参観者の方々から賞賛の言葉をいただき、ぼくとしては単純に喜んでいいものかどうか迷いました。ぼくの「ミス」で生徒がほめてもらい「うれし恥ずかし」の心境だったのです。

あとの反省会でも、「なぜあのように、とっさに教師並みにうまく読めるのか？」と質問が出たのですが、ぼくとしてもよくわかりません。ふだんも、発音や読みについてはうるさくいってはいますが、この時ばかりは、たぶん「こんなことで負けたら、わがA中がすたる。なんとかしなきゃ」という気持ちと、僕に対する「いたわり」がそうさせたのではないでしょうか。あんなにうまく読んで訳せるなんてぼく自身信じられませんでした。やはりこの世に、神は存在していたんですね。アーメン！


第五幕（エピローグ）＝「動物園」が「教会」に！


〈「アメージング・グレイス」斉唱〉

さあ、このようにして一世一代の「危機」を無事（？）「神の加護」で乗り越え余裕が出た僕は、残り時間も見計らいながら、教科書本文の説明などを、ＡＥＴとのやりとりを交えながらすることができました。ほんと、あのヤンチャ坊主たちのおかげです。いつも困らせるあの1組ならではの「技」でした。

そして、いよいよこの研究授業も大詰めです。最後に、これも前の時間に生徒が調べて歌うことを提案してくれた「アメージング・グレース」をみんなで歌いました。
僕はそれまで、この歌については、あのドラマ「白い巨塔」のＢＧＭで、「まあ、きれいな曲やなー」くらいの認識しかなかったのですが、その背景などを生徒から聞き、「なるほど、そうだったのかー」と感心してしまいました。

Ｋ君
Today's last program is to sing "Amazing Grace" together.
（このあとＫ君が、日本語で歌の紹介＝約２５０年前、アフリカからの奴隷船の船長（John Newton）が、奴隷船のあまりの悲惨さに胸を痛め、アメリカに渡ってから牧師となって作った）
Please sing out with us loudly.
The ALT Sensei, could you come here please?
（ＡＬＴの先生方に前に出てきてもらう）
OK. Let's sing out together!

この歌は聴く分にはいいが、歌うと難しい。初めはやや手探りでしたが、僕のサックス伴奏に負けじと声も大きくなり、いつもは動物園（?）のような教室が、まるで教会のチャペルのようになりました。でもこれは、「神の加護」を感じたあとのぼくの気のせいだったかもしれません。また、授業が終わってからある生徒が来て、「AETのセンセ（敬虔なクリスチャン）が歌詞を全然見んと4番まで歌ってたでー」と驚いていました。

最後に、Oさんのリードで、子どもたちが参観者にあいさつをして終了！

That's all for today's English class.
Thank you very much for coming to our English class.

以上、冷や汗ものの研究授業でしたが、私としては、今までやりたくてもなかなかできなかった「求め続けてきた授業」がやっとできたように思います。本当によくがんばった子どもたちと、私以上に「不安気に」参観してくれていた学年教師集団に感謝の気持ちでいっぱいになりました。ひょっとしたら、ぼくの感じた「神」とはこの方たちだったのかもしれませんね。

生徒の感想文

N君

昨日の研究授業で一番すごいと思ったのは二人の小先生だ。私は参観授業なので、先生がするものだと思っていたけど、K君とOさんが堂々と英語でしゃべっていてすごくかっこよかった。他の学校の先生方も来ておられたのできっとたいへんだったと思う。またローザ・パークスさんの劇も、練習ではみんな照れくさがっていたけど、本番では真剣にやりとてもうまかった。今回の授業はすごくおもしろかった。

Oさん（小先生）

私は小先生と劇をやりました。小先生なんて簡単かな、と思っていたけど、途中でたいへんやん！と思い、本番を迎えたが、無事に終わって本当によかった。劇も、練習中はみんなニヤけていて、思うようにいかなかったが、しだいにうまくなり、自分らでセリフや動作を入れることもできてびっくりした。練習時間が少なかったが、ALTの先生方も来て下さったので、私たちのがんばっている姿をしっかり見てほしかったのでがんばりました。

1組は授業がうるさくて騒がしいけど、やる時はやるクラスだってことを、T先生（担任）に見てもらうことができてとてもよかったです。

Oさん

昨日はたくさんの先生が来られて緊張した。ぼくは警察官をやった。初めはいやだったけど小部先生が、「オレが1組を選んだのは、授業が一番うるさいことと、やればできるクラスやと思ってるからや」といってくれたので、ぼくもやる気になった。劇に出てちょっと緊張したけど楽しかった。でもセリフが少なかったのが残念だった。

それとキング牧師やローザ・パークスさんはよくがんばったと思う。あのアメリカで黒人差別とたち向かったのはすごいことだと思った。毎日のように、命を狙われる日々はとてもこわかったと思う。

参観者（教師）の感想文

中学校、3年目

小先生方式という授業を初めて見せてもらい、目からうろこの感じがしています。まだ教師3年目という私からすれば、まねができる範囲ではありませんが、常に授業への工夫を考えておられる様子に感動しました。

中学校、15年

生徒たちが本当に生き生きと授業に参加していたのに驚きました。低学力の生徒はいないのかと錯覚するほどみんな授業に入っていましたね。自分の授業はというと、毎日怒って説教ばかりで、生徒との関係もあまりよくないなあと反省しています。今日はショックも大きかったですが、とても勉強になりました。

中学校、25年

子どもたちがずっと主体的に参加していてすばらしい1時間でした。子どもたちも、不当な差別を感じることができているなあと思いました。心を育てる授業や行事をされていてすばらしいなと思いました。きっと子どもたちの心にも残る授業だったでしょう。私も子どもたちと響きあえる授業をめざしていきたいと思います。

小学校、新任

今日は楽しい授業を見せていただき、ありがとうございました。中学生があんなに生き生きと活動している姿を見てとてもうれしかったです。小学校でも、英語の導入が言われており、どのようにしていけばいいかが大きな課題ですが、今日の授業を参考にしたいと思います。

第8章　「I have a dream.」とキング牧師夫人との交流

1、未来への英文メッセージ「I have a dream」とその絵

このように、どの子もみんなノリに乗って、三学期にかけて英語スキットのビデオコンクールなども実施する一方、キング牧師の演説（1963年8月28日　ワシントンDC、25万人）にちなみ、「I have a dream.」のテーマで、自分の未来の夢、希望、目標などを英文（10文以上）で書き、その文のイメージを絵で描くことにしました。

その頃になると、どの子も「次は何をやるのかな？」という感じで、やる気満々。入試も近づいてくるし、こちらは気が気ではなかったのですが、子どもたちの迫力に押されて、入試対策問題もやりながらのとりくみになりました。

いわゆる「できる子」も「できない子」もこのとりくみになると、教室が活気に満ちあふれ、和英辞典も引きながらほんとに楽しくやることができました。そしてそんな中で、私自身の経験の中でも信じられないような作品がたくさんできました。というより、文字通りすべての子が、自分の将来を夢見て、生き生きと表現してくれたのです。

その結果、オリジナリティーとバラエティーに富んだその英文もさることながら、色鉛

筆で仕上げた絵は、芸術的ともいえるものもあり、職員室でも先生方の大きな感動を呼び、とても幸せな気持ちになりました。

ちなみに、その後この学年は、入試でも見事な合格率を納め、他校から転勤されてきた先生がすごく驚き、歴史的な学年となりました。英語についても、校外での模擬テストにおいて、同じ学区内50数校中で常に1、2を争う成績で。しかも文化祭では、沖縄の「命《ぬち》どう宝」のミュージカル（芝居、歌、踊り、三線演奏あり1時間半）を大成功させました。小学校時には「学年崩壊」を経験し、入学直後にも何人かの親に、責任を持って指導するよう「直訴状」をつきつけられたことが、ついこの前のことのように思い出され、感慨もひとしおでした。

○それらの英文と絵の一部を紹介します。

K君（自作のタケノコで老人を元気づけたい）

I want to let other people eat my bamboo shoot. (Takenoko) I have wanted to grow it for a long time. And I want to be a home helper when I will be 76 years old. Because I want to make the old people to be active. Why is 76 years old. Because we'll be able to understand each other.

Kくんは「発達障害」があり、定期テストでも一桁の得点で、こちらの話はなかなか伝わりません。でも、このとりくみにはすごく意欲的で、他の先生方からも「K君、ほんとに変わったね」と言われ、本人も気を良くしていました。しかも後

になって、なんと英文にある自作のタケノコは、成分の「チロシン」が痴呆に効くということが、わかりビックリ（本人はわかってたのかな?）。

U君（文鳥の飼育）

I want to keep a bird. The name is "Jaba sparrow（文鳥）". It can be kept quiet on the hand. So I am fond of it. My parents said " I permit you to keep the bird if you get 400 marks in the next test." I got 400 marks in the last achievement test. So I can buy two "Jaba sparrows". My dream is to increase them.

授業中に声をあまり聞いたこともないU君。まさ

かこんな夢を持っているとは知りませんでした。でも、何事もまじめにとりくむ彼のこと。きっとかしこい文鳥を育ててくれることでしょう。

Iさん

(英語を勉強してworld peaceに役立ちたい)

My dream is to become peaceful in the world and all people live in peace.

Many people are dying while we are studying now. And many people aren't so rich like us Japanese.

I knew these facts in English classes. So, I want to speak English better.

And I want to speak English better and I want

to help many people in the world. So I haveto study English harder.

授業中はそんなに目立たず、特別成績がいいわけではないが、この文にもあるように、まじめで世界の貧困や平和についても、関心が高く、「へー、こんなにしっかりとした問題意識を持ってるんだと驚いた次第です。

Mさん（ケーキデザイナー）

To be a designer is my dream. I want to design cakes. If some cakes are looked bad, but it may taste very nice. Nobody wants to buy cakes that look bad. So I want to design good cakes. I enjoy designing. I think I can design

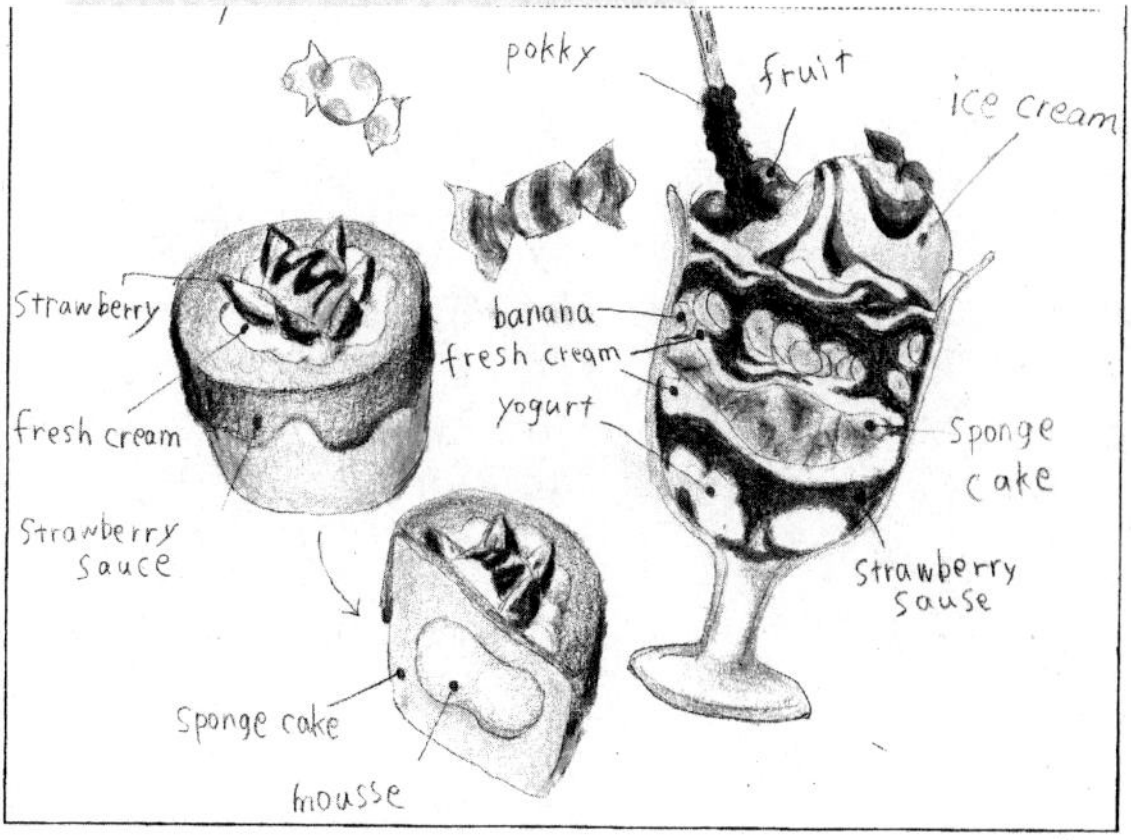

interesting cakes. But my dream won't easily come true. I may change my dream and work to a different occupation. But it's a way chosen by me. I want to have my pride and it's my dream.

ケーキデザイナーなんて仕事があるんですね。このMさんは、絵を見てもわかるように、いつも冷静で観察力が鋭く、僕のくだらない「おやじギャグ」にも反応は鈍かったが、たまに不用意に笑ってくれた時はなぜかうれしかったです。

Yさん（司書になり読書を広めたい）

I want to be a librarian in the future. The librarian is a job which manages the books in the library. It is a job which a few people know about. But I knew about a librarian when I was in elementary school. One day my mother told me "There is such a job." When I heard it I admired that it is an interesting job. … Recently the number of people who read books are decreasing. So I want to tell them reading a book is very interesting.

いつも寡黙で本好きのYさん。1年生の時から図書室の本借り出し数No.1を誇るだけあり、夢も司書になって読書の楽しさを普及させたいという。Kさん同様、ぼくのくだらないギャグにはほとんど反応してくれませんでした。

A君(プロマジシャン)
市の英語スピーチコンテストで優勝!

I want to go to America in the future, and I will live there. At first I go to New York and take a walk there. Next I go to Las Vagas to watch the magic show and play gambles. Then I'd

like to talk with many foreign people. So I have to study English. But I'm worried about my English level. I don't have any confidence.
So I'll try to talk with as many as people in English. I hope that I can enjoy staying in America.

プロのマジシャンをめざす、というより、もうすでにプロ並みの腕前のA君はみんなの人気者。当市の中学生英語暗誦大会で、見事な「My dream」のスピーチをした上、最後にすごいマジックを披露して優勝。その時の審査員に「決してマジックがうまくて優勝したわけではない。これに味をしめて次にマジックをしてもだめ」と講評で言わしめました。

O君（アニメーター）

I have a dream. One day I would like to be an animater. Because I have liked to draw pictures since I was a child. My favorite animation are Miyazaki Hayaos'. His animations are beautiful and mysterious.

They are loved by many people around the world. I'd like to make animations like his animations. So I must study very hard. I don't give up my dream.

「絵に動きを」の私の注文に見事に応えた絵ですね。さすが宮崎駿をめざすだけあります。Oく

んは、半世紀以上の歴史を誇る老舗の写真館の息子で、本校の写真はすべてここにまかせており、親は跡取りを望んでいるが、本人はアニメーター一直線！

S君（囲碁棋士をめざして）

To enter Yao Highschool or Uenomiya Highschool is my dream. ～～～ If I enter Uenomiya Highschool, I want to join the Igo（囲碁）Club. The member of the Uenomiya Highschool' s Igo Club is very strong. And it also win the champion prize in many contest. So I want to join Igo club, and want to play many Igo games.

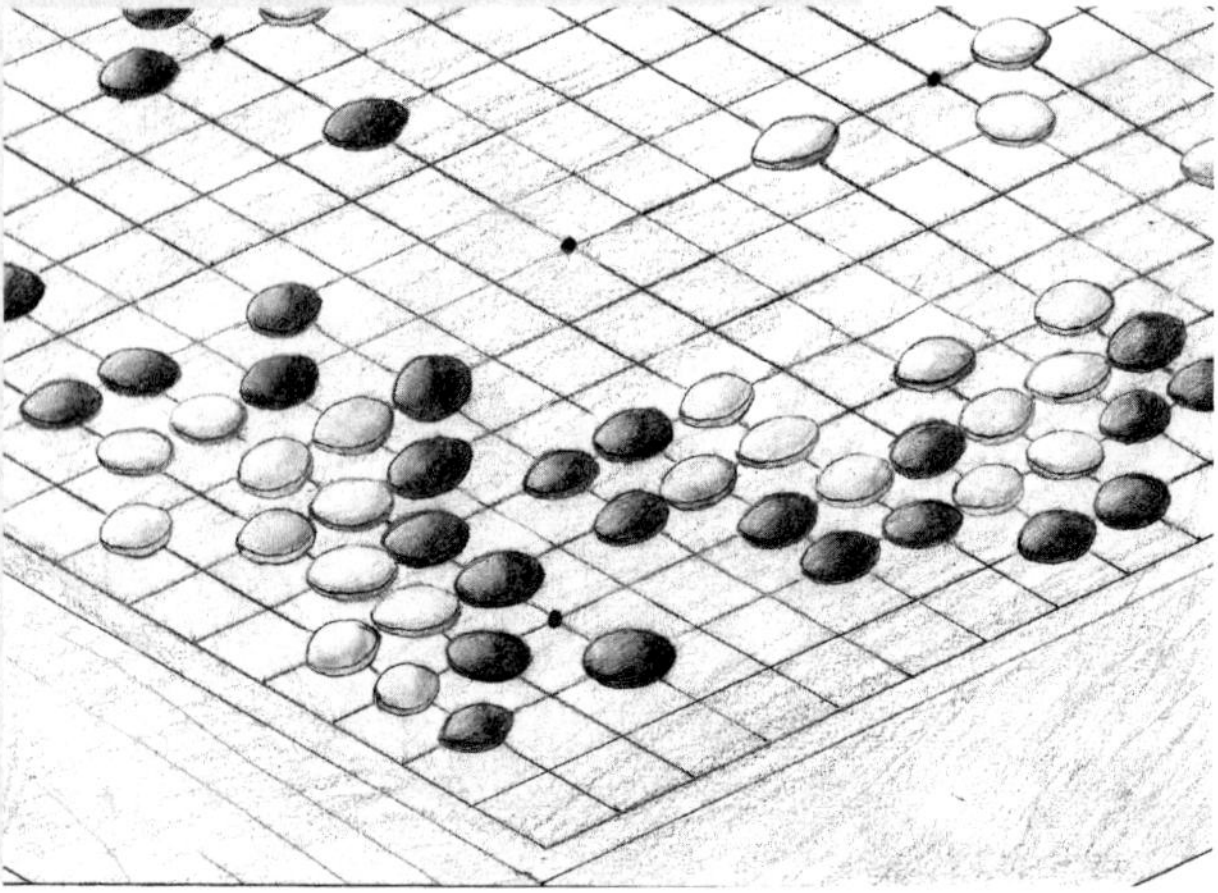

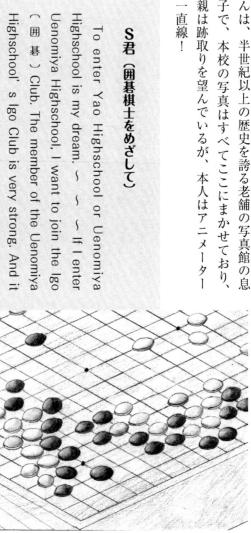

Sくんは、大の囲碁ファンで、学校でもよく小さい折りたたみのの碁盤で「詰碁」などをしていました。僕はまったくわからないんですが、話しかけるといろいろ解説をしてくれました。あー、あの時やっとけばよかったなー。碁石の絵、うまいですね。

このような自由絵作文「I have a dream.」を創ったあと、ある日生徒の中から「せっかくだから、このスキットやメッセージをキング牧師夫人にも送ってはどうか」という提案があり、どうすればいいかみんなで調べ、送ることになりました。

2、メッセージの暗誦とビデオ撮り

そんな頃のエピソードをひとつ

部活の朝練の都合で、私が朝6時半頃に学校に行くと、まだ施錠された薄暗い正門前にうごめく数人の人影。「ん？　誰、今頃？」。よく見ると、メッセージ「I have a dream.」の練習とビデオ撮りに来た子らでした。

いつもは、8時35分の始業にさえよく遅れるA君などは、「センセ、おそいなー!」とでかい態度。

このように三学期になって、入試対策も兼ねた英文読解練習から、英作力をつけ、また話す、聞く力をつけるためにもこの自由絵作文もその一環として有効に利用できたのです。そしてこのとりくみの中でわかったのは、「できる子」も「できない子」もまったく違和感なく、教え合いや話し合いもしながらとりくむことができ、「習熟度別編成」では得られない多くの成果が見られ、ぼく自身もとても励まされたことです。

さてさて、このようなわけで次から次へと、とりくみが発展していき、とうとうキング牧師夫人のコレッタさんにメッセージを送ることになりました。そして、もし卒業するまでに返事でも来ればいい記念になるのになー、と思いました。

そしてその2週間後、コレッタ夫人からの返事手紙(前述)が届いたのです。さらに、市の広報課より連絡が入り、朝日新聞の取材を受けることにもなり、その後も、子どもたちや地域の中に、そのことが広がっていってくれたのです。

私からのコレッタさんへの手紙と同封物

Dear Mrs.King,

I'm really sorry to send this letter. You'll be surprised at receiving a letter from a man in Japan you don't know.
My name is OBE OSAMU.（小部修）
I am an English teacher of Akegawa Junior High school in Yao city of Osaka, Japan.
We had a lesson about Marthin Luther King .in an English textbook for the 3rd grade.
The title is 'I have a dream', and the students examined about Mr.King and his abolishment of racial discrimination.
On November 11 last year, we had a *demonstrating English* class 'I have a dream' to English teachers and ALT（Assistant of langage teachers).

After studying the lesson I tried to make the students to write a message,
'I have a dream' of their future.

And they suggested me to send the messages to you. So I took a video of their messages.

I'm afraid that we will involve you, but please read them and would you please give a short message for them?

I hope you will give them your message as a present before graduation ceremony on March 11.

Yours sincerely,

Home: Osamu Obe
1-12-12-803, Kosaka, Higashi-Osaka City, Osaka, JAPAN
(〒577-0801)

School: Akegawa Junior High School
8-18-1, Yamamotocho minami, Yao City, Osaka JAPAN
(〒581-0013)

同封物

①自由絵作文「I have a dream.」約10枚
②同上　暗誦ビデオ
③スキット「ローザ・パークスバス事件」のビデオ

3、生徒の「戦争について」のメッセージ　など

〈I think about war〉 by students

・Ms.N

War is sad but we made many wars and battles.

Trees and animals don't speak a language.
They can't be against war.
Sure.　Many people died in wars.
Through the years, trees and animals died too.
If wars were stopped, the world will be free.

・**Ms.K**

Everyone says "War, war, war…" .
I don't understand about war.
I know it on TV and books,
and I knew a little about it.
But I am against war,
because many people and animals were killed.
It's strange to kill them to win the war.
From now on, I will study about peace and war more.

・Mr.N

I think the thought of "war" will be in my mind forever.
Why do the people kill each other?
How many people were killed in the war?
I think we don't need to make war any more.
Why don't you think to be against war together?

・Mr.Y

We don't have to make war.
The self-Defence Force helps us in disasters.
But why do they practice using real bullets?
I wonder if the practice is to go to war.
So Mr.King was right to start the world peace campaign.

・Ms.M

I think we can't stop war.
Japan isn't in war, but we may catch up with other country's troubles.
Some countries are doing nuclear tests in other coutries,
and they are making troubles for that countries' people and
animals, not only a man.
So we absolutely have to stop the test of nuclear weopons.

4、その後コレッタさん宛に書いた僕の2回目の手紙

April 20, 2005

Dear Mrs. King

Thank you very much for writing me back about the 'I Have a Dream' materials which my students made. I was very pleased to receive your letter yesterday. I was somewhat concerned that our packaged might not reach you, so it was a great relief to get your letter.

About 14 years ago, at the start of the Gulf War, my students and I sent a message and some materials about the war to then President George Herbert Walker Bush. Sadly, we never received any reply from either President Bush or his staff. So, we are especially happy to have your letter now.

The students who made the items about 'I Have a Dream' graduated in March. (Our academic year is slightly different than yours.) But I am working withmy colleagues to locate and share the good news of your letter with thegraduates.

As you may know, certain forces are attempting to amend Japan's Constitution to allow for the recreation of a large military expeditionary force. I'm very afraid that some day this movement may be responsible forsending my students to war. War is the worst form violence and we must warn the students about the foolishness of war.

Again, thank you very much for your kindness to our students.

Yours truly,

あとがき―勇気と希望

キング牧師は、「I have a dream.」の中でこう言いました。

I have a dream that one day out in the red hills of Georgia, the sons of

日　新　聞　2005年(平成17年)5月21日　土曜日　13版△　大阪

故キング牧師の夫人がメッセージ

英語寸劇のビデオレターに

「弱者援助」と返信

「大きくなったら、援助が必要な人たちを助けてあげて」。米国の黒人解放運動の指導者、故マーティン・ルーサー・キング牧師の夫人、コレッタ・スコット・キングさん(78)から、八尾市立曙川中学校（川口哲廣校長）の生徒たちに手紙が届いた。キング牧師について学んだ生徒らが、英語で寸劇を演じたビデオを同牧師の記念財団に送った。その返事のメッセージだ。生徒たちは「勇気をもらった」と感激している。

八尾の曙川中卒業生

黒人差別の事件題材に

キング牧師は50年代か…3月に卒業した当時の3…べて再現した。

メッセージを作り、ビデオと共に送った。

「英語がうまくなりたい」と書いた加茂翠さん(16)は、手紙を見て「まさか返信が届くなんて夢みたい」と目を丸くして喜んだ。「米国を訪れ、たくさんの外国人と語り合いたい」と書いた青木

コレッタ夫人から届いたメッセージを小部修さん（左）から初めて見せられ、感激する曙川中の卒業生たち＝八尾市高町で

（朝日新聞の記事）

former slaves and the sons of former slave owners will be able to sit down together at the table of brotherhood.

I have a dream that my four little children will one day live in a nation where they will not be judged by the color of their skin but by their character.

人間社会で、しかも子どもの世界で「支配」と「被支配」、人種差別などの非人間的関係などあってはなりません。そして、そういうことに対する問題意識はその成長段階に応じて持つ必要があると思っています。

「中学生にそんなむずかしいことを教えてもわかるはずもないし、それは偏向教育ではないか」というようなこともいわれます。でも、そんなことはけっしてありません。こちらが、大胆に問題提起をして、時間と場所を設けさえすれば、子どもたちは独特の感性でもって受けとめ、考え、交流をし、そして意見も述べてくれるのです。

今回の一連のとりくみが、ぼくの念願でもあった「英語学習を通して社会を見る」とりくみとして、一石を投じることができたとすればこんなにうれしことはありません。ご意見などよろしくお願いします。読んでいただきありがとうございました。

第9章　大学のこと——学生のレポートから見えてくるもの

Nさんの話を聴いたHくんの文＝「LGBTQ」の授業後

僕が先生の講義を受けるのはこれが3回目です。どの授業も考えさせられたり感心したり笑ったりで、「いったい何の授業？」と思うくらいいろんな感情が涌いてくるものでした。なかでも、今期の授業は一番人間らしかったように思います。僕のこの先長いであろう人生の中でも、きっと何回も思い出すと思います。

そんな授業の中でも、とくに胸に響き印象に残っているのは、Nさんが自身の「性同一性障害」についての講義で、資料も示しながらcoming out してくれた時に、「自分らしく生きる」と言ってた言葉です。ありふれた言葉かもしれませんが、自分が自分らしくあるために、女性として生まれたが男性として生きようとしているNさんが放った言葉は、重みというか胸を打つ何かがあった。私も自分らしく生きたいけど、単に生きたいという願望だけで、実際は何も行動していないそんな自分に気づきました。

Nさんの話は、衝撃を受けたということもあるし、自分自身のことも考える機会にもなったので、当分忘れられないだろうと思います。僕は将来の夢もまだあいまいだし、自分らしく生きていないような気がする。そしてそんな自分がいやになることもあるが、Nさんの話を聞いて、「僕が僕を投げ出したら終わりや。ちゃんと自分と向き合わなあかんねん！」と思いました。

人間、自己嫌悪や自暴自棄の気持ちが強くなると、それが抑えられなくなり、自殺や秋葉原事件のようになってしまうのではないでしょうか？　僕は、自分がグータラでしようのない奴だと思うけど、ひとつ誇れるのは、まわりの友達や家族などすばらしい人に囲まれ、この人たちがいてくれるかぎり、僕は変な気を起したりしないと思います。

人は生を受けたら必ず死んでいきます。生と死は誰もが経験します。生まれてから死ぬまでの間に、どれだけ自分とまわりの人を愛せるかで、その人の人生は決まってくると思います。そしてこのことだけは、教師になったら生徒にしっかり伝えたいとこの授業で思いました。

はじめに

ここ数年、大学でＦＤ（Faculty Development 大学〈授業〉改革）が重要なテーマとなっています。

また公私立を問わず、学生の「授業評価」が実施され、それを読む教員は一喜一憂しながらがんばり、また悶々としています。しかし全体的には、まだまだ「本質的な改革」が進んでいないのが実情ではないでしょうか？

授業中の私語、携帯電話、居眠り、そしてエスケープなどの「授業逃避・忌避・拒否状態」に困惑し、悩み苦しむ「良心的」教員。「もういい！　言っても同じだ！」とあきらめようとする人。ひたすら「レクチャー方式の伝統」を守る人。はては、出席回数がゼロでもインターネットからの「つぎはぎ文」で、レポート課題を合格させる人。などなど様々だと思います。

そんな中で、私自身中学校から大学に来て約15年間いろんな方とお会いし、関わる中でわかってきたことがあります。それは、ほとんどの教員が「今の学生は何を考え、何を求めているのか？」を問いかけ、心の奥で「やりがいのある仕事、授業をしたい！」と望んでいるということです。

1、大学教員の「仕事・役割」って？

もちろん人により、大学によってちがうでしょうし、研究分野・部門・部署などによってもちがうでしょうが、大まかに言って研究、論文、講義・指導、会議や諸務（分掌？）などでしょうか。

しかし、私のような中学校教員あがりの者としては、「荒廃真っただ中」の中学校に赴任し、「なんで英語なんかせなあかんねん？　英語なんかくそ食らえ！」と言い放ち、授業を自由に（？）出入りする生徒を前に、「授業改革」は、自身に存在感や自己肯定感が持てるかどうか、または教師を続けられるかどうかのキーワードであり、試金石でもありました。よけいなプライドなどはなんの役にも立ちません。時には、辞めて再度商社マンに戻ろうかとさえ思いました。

でも、すでに結婚をしていたこともあり、そんな中で「授業とは？」を考え、本を読み研究会などにも行き、情報収集など「風通し」をよくするようにしました。その結果少しずつですが、見えてきたことがあります。

2、ともに考える授業＝協同学習

私は商社マンから公立中学校教員（英語）に転職し、30数年間勤めさせてもらいました。そしてその後縁あって、計7大学で、教職科目を中心に3つの科目を担当してきました。しかし教育系の大学で学んだわけでもないので、難しい教育理論を論じることはできません。したがって、主に中学校在任中の経験や資料をベースにした講義をしています。講義形式も、班（グループ）編成を基本に、討論やディベート、そして模擬授業など、中学校での経験を生かしたいわゆる協同学習（参加型の授業）を心がけています。

そんな中で、いま教育や学校が抱える問題点や課題、そして展望などについて学生の意見と照らし合わせながら考えてみたいと思います。

受講生N君の文＝学校の「器」と「学ぶ」意味

人にはそれぞれ歴史がある」。人と接する時、僕はこのことをいつも頭におき、決めつけや偏見を持たずに、ありのまま受け止めようと努めてきた。でも実際は、まだまだ偏見に満ちた目で人を見、その人となりを判断し値踏みしていることに気づき、自分の未熟さにあきれることがある。この講義は、そんな僕に手っ取り早く偏見に気づかせてくれる、いい意味でしんどい授業だった。

まずこの授業は、教職課程の履修を目ざす者が、お互いの経験から、学力以外の知恵や経験の重要性を理解するものだった。たとえばクラブ活動では、目標に向かって努力し、汗を流し、結果に一喜一憂しながらもしっかりとそれを受け止め、自分の礎として生きる糧にする。そして何かの役についたら、その役割を理解し、苦労をしていく中で人を見、人を知っていく。

また文化祭などの学校行事では、勉強以外の力を発揮する場として、人を頼ったり頼られたりしながら、信頼や尊敬、そして誇りなどを実感する。そのようにして人は机以外で様々な事を体験し、学び成長していくことを知った。

このように、いろんなことを考え話し合うなかで、少しずつだけどまわりがどんな環境かを知り、また改めて親がどういう人かも知ったりして、ぼんやりとだけど社会が見え、自分が見えてきた。またいろんな時や場所で「あっ、これってこういう事なんや!」と感じ、そのたびに自分や自分のまわりが「更新」されていった。そしてそういうことが「学ぶ」っていうことだと気づいた。

またこの授業の中で、友人や仲間、そして世界がわかるようになり、理解できるようにもなった。人は理解しにくい事にぶつかると悩み、苦しむものだと思っていた僕は、この授業の中で、いろんな人のことが理解できるようになり、そんな悩みや苦しみが徐々に薄らいでいった。また、受け入れにくいことで悩み苦しんだ時は、そのことを理解し包み込んでしまえるような「器」を育むことが「学ぶ」ことだともわかった。

いま日本の子どもたちは、大きく変わった環境の中でストレスを抱えもがき苦しんでいる。それは日本の社会そのものが苦境に立たされているからだ。そしてこの過酷な環境の中で、未来を支えるために大人も必死でがんばっている。だがもし子どもを未来そのものだとするならば、大人は今の自分たちの苦労をやわらげるためにだけ、未来（子ども）を見殺しにするのはまちがっていると思う。また親や家庭内で、もしストレスを抱え込んでいるなら、せめて学校だけはストレスのないものにしていきたい。そうでないと、子どもたちはどこにやすらぎを求めていいかわからなくなり、ストレスを抱えたまま大人になってしまうだろう。そうならないためにも、学校自身の「器」をもっと大きくしなければならないのではないだろうか。

3、ゆきとどいた授業とは？ —「参加型」と問いかけ

通常、多くの大学では、レクチャー形式で一方通行型の「与える授業」が多いなかで、なかなか個々の学生に「ゆきとどいた授業づくり」をすることが難しくなり、学生の要求に則った授業や、ひいては学生の能力ややる気を引き出す授業づくりが十分できていないのではないでしょうか？

いわゆる「詰め込み型の受験教育」の中で育った学生や、文の深読みや意見発表などの経験の少ない学生が増える中、今どういう授業をすればいいのかが問われています。

もちろんこのことは、大学にかぎらず、小中高における授業づくりの構築とも共通するかもしれません。そういう意味で、自分がやって来たことや今やっていることを紹介しな

がら一定の分析を加えたいと思います。

受講生のレポート＝「問いかけ」と「考えること」

この講義では、教える側と学ぶ側の相互依存ができていた。毎回与えられるいろんなテーマについて考え、書き、それが次回の授業に活かされる。でもそんなにかたい授業ではなく、それでいて学問の基本ともいえる「なぜ？」の問いかけが毎回できていた。先生は今までの経験などもふまえ、僕たちに興味深く話し問いかけてくれた。そしてまた教育にとって大事な授業の雰囲気もよかった。学生に無理に発言させるのでなく、発言したくなるようにもっていく、このことが僕にとってこの授業で一番学んだことです。

次に、参考までに講義の主なパターンを紹介しておきます。

①中学生の作文や資料などは、輪読をしながら、各自大事だと思う所に下線を引く
②映像なども含め、それについて（毎回交替する）班長が司会をして班討論をする
③討論後各班から意見発表やディベートをする

④こちらのコメントのあと、最後に授業についての意見を書く（＝ミニレポート）
⑤出た意見を講義通信（「友&愛」）などにして、次回に役立てる

4、授業の「ライブ化」そして「考える」授業

私はここ30年来音楽（サックス、尺八、しの笛演奏）活動をしていますが、その中でわかったことがあります。それは、「授業はライブだ！」ということです。ふつう演奏では、ライブやコンサートの前には打ち合わせや音合わせ、リハーサルなどを念入りにしますが、それでも本番ではまずその通りにはいきません。いわゆる即興性やハプニング・ミスなどは付きものだし、それがまたライブの魅力でもあります。もし、単にミスのない譜面通りの演奏を聴きたければＣＤを聴くのが一番です。

僕などがこんなことを言えば言いわけがましく聞こえますが、他の音楽仲間からも同じようなことをよく聞きます。何が起こるかわからないライブでの〝ワクワク感、ハラハラ感、ドキドキ感〟こそがいいし、その場にいる聴衆と一体化し、聴衆とともに創りあげていくことこそライブのおもしろさでもあります。

このことは授業にもあてはまり、参加型を基本とした「ライブ化」された授業が大切だと思います。

ところで、先ほども書きましたが、授業で中学生の書いた文を紹介し、学生は自分の過去と重ね合わせたりしながら、それらを深読みし、討論していく中で、多くのことを知り、学んでいきます。

その一端を紹介します。

学生の文

学生1

中学生の文を読み、自分が大学生になって、ようやく彼らと同じような考えを持てたことが悔しかった。「考える」というのは、物事をいかにして自分の問題として感じられるかどうかだと思う。与えられた課題をただこなすだけでなく、見たもの、聞いた話、読んだ文章にどれだけ立ち止まれるか、だと思う。何気なく過ごす日常を素通りする中でも大事な問題が必ずあるはずだ。それを考えて初めて子どもたちや、友達、家族などの些細な変化にも気づけるのではないだろうか。

学生2

「考えるコツ」は「予測と疑い」である。今を受け入れるだけでなく、過去を反省し、今に対応し、未来に備えるのが「考える」である。また「考える」ことは自分と話す（自分を見つめる）ことでもある。また「考える」ことは、物事を「いい方向」に向かわせるための絶対条件だ。よく考えて、それまでとは違った視点で物事や人がみれた時、自分の成長が見え、うれしくなりモチベーションも上がる。

したがって僕は、中学生が言う「考えることの楽しさ」に共感できる。そして「考える」という作業の中で自分の想いを練って、それを言葉に乗せて発信する、これがコミュニケーションだということもわかった。

学生3

この講義を受けて、ぼくは教師になりたいという気持ちがますます強くなった。というのも、今までは単になりたいな、というだけで自分が教師になった時のことを想像もしなかったが、この講義を受けて、毎回いろんなテーマの中で、実際そんな時は自分ならどうするか?ということを真剣に考えるようになった。

まず「考える」や「書く」ことについて。こんなことはふだん何も考えずに過ごしていたが、考えればとても奥が深く、ぼくの考えも止まらなかった。

まずぼくは今まで「教える」ということは、生徒の上に立ち、教師自身が正しいと思うことを伝えるのだとばかり思っていた。でも、この講義を受けてからは、それが大きな「勘ちがい」であることに気がついた。

上からものをみるのでなく、生徒と同じ目線に立つことが大切だ。30人の生徒がいれば30人の持ち味や考え方がある。「教える」というのは、「気づかせ」「発見させる」ことなのではないだろうか。だからこの「生徒と同じ目線に立つ」ことが「教える」のスタートだと思う。

学校でのいろんなとりくみの中で、教師自身も生徒に教えられることもたくさんあるだろう。この「教える」「教えられる」関係というのは、「同じ目線」に立たなければなり立たないのである。そんな中で、教師はヒントを与え、答えの手前まで生徒を導き、その先は生徒に「気づかせ」「発見」させるのが教育だと、この講義を通して感じ学んだ。そしてそういうことを実現できる教師にぼくはなりたい。

5、「受験教育」のひずみと教師の役割 ―「学ぶ」とは？

さて、このような感じで進める講義（授業）は、私にとっても毎回いろんな発見や驚き、感動があります。毎回授業で書かせるミニレポートを帰りの電車で読み、何度も涙したこともあり、時には泣きながら読んでいて、隣の人に怪訝な顔をされたことや、降りる駅を乗り過ごしたこと、ある時などは地下鉄の終着駅で降りるのを忘れて車庫まで入ったこともあり、学生と大笑いをしたこともあります。

でも、いわゆる「偏差値」がそう高くない大学などでは、学生のかつての体験を読むにつけ、教育と教師のはたす役割の大きさに胸を打たれることもあります。二つの例を紹介します。

中高一貫の私学出身の学生の文

僕の中学、高校は入試のためだけのような学校だった。中学の入学式では、「今日から3年間が勝負だ！」といわれたが、高校の入学式では、他の高校すべてに落ちた内部進学の5人だけが先生に呼び出されて、「3年前に言ったことが生かせなかった落ちこぼれ！」とはっきり言われ、高校生活が始まった。そしてそこからはまったく何もせず、ただただ学校に行くだけの生活だった。当然先生方からの扱われ方もひどくなっていった。

そして大学入試、たくさん受験したが、受かったのはここだけだった。そんな自分に高校時代の教師がかけてきた言葉は、「最後までなんの役にもたてへんかったな」とか「落ちこぼれは何年たっても落ちこぼれやな」だった。勉強以外のガンバリなどはまったく評価してくれない世界にいた自分。

そんな自分が本当の意味での教師になれるかどうかは正直言って今もわからない。ただ教員免許を持っているだけの人間になってしまうかもしれない。でもこの講義を受けて、みんなが書いたり言ったりしているようないい思い出や経験などはないが、それでも、そんな自分でも何かを伝えたいと思うようになった。昔あこがれていた教師、そしてあきらめかけていた教師にはなれないかもしれないが、いまはスクールカウンセラーのようなことをしたいとも思っている。

ある私立高校卒の学生の文

私は「学ぶ」という言葉がきらいだった。なぜならそれが「学校で勉強する」ことだと思っていたからだ。勉強は苦手だったし、中学校では授業についていけなくて理解しようとすることすらあきらめ、授業中は寝てばっかりでよく先生に怒られた。まわりはみんな塾に通っていて、もうすでにわかっている生徒を中心に授業が進められていたので、私にとっては退屈なものだった。

そしてその地区でもっとも「レベルの低いヤンキー学校」と呼ばれていた高校に行った。

そこの生徒というだけで、バイトも雇ってもらえないほどまわりから冷たい目でみられている高校だった。確かに生徒はヤンチャ者が多く、私もそのうちの一人だったし、毎日問題がたえなかった。制服を着ている人は数えるほどで、髪も黒い子が逆に目立っていた。そんな学校だったが、私はそこで本当に多くのことを学ばせてもらった。

私立だったが、金銭的に苦労している人も多く、バイトをして学費の足しにしたり、家庭に様々な事情を抱えている子もたくさんいて、誰もがいろいろなことを抱えて生きているんだなあと思い知らされた。またどんなにヤンチャをしていても、教師に反抗ばかりしていても必ず優しい心を持っているんだということにも気がついた。

多くの仲間が途中で退学をしたが、そのたびにまわりの子が必死になって説得していたし、テスト前には放課後にクラスの半分以上が残って、お互いに教え合いながら勉強をしたこともあった。そして先生もいつも差し入れを持って来てくれ、遅くまでつき合ってくれた。

今回この講義を受けて、中学高校の自分をふり返り、今の自分をふり返る機会がたくさんあった。そしてその時に初めて、自分が今まで多くのことを学ばせてもらってきたんだということにも気がついた。クラスでも、またクラブでも、今まで一人ひとりからいろいろなことを吸収して成長してきたんだと思う。
「学ぶ」ということは、ただ勉強するということではなく、人と接し、人を理解し、その人たちから様々なことを吸収してそれを自分の力にしていくことではないかと思った。そしてそういう風に思える自分がとてもうれしかった。

以上、学生の文を紹介しながら、大学のあり方や授業のことなどについて書きました。もちろん私の浅くて狭い体験から、本来の大学教育について論じる見識や資格もないでしょう。しかし、大学そのもののあり方や、本来の大学教育を考えた時に、「教育者」（教育を施す者）として、現状に甘んじたり、いわゆる「上から目線」で学生を見たりしていてはいけないと思います。

今こそ私たちに求められているのは、職員も含め、「大学人」として、「進取の気性」を忘れず謙虚に切磋琢磨することが必要ではないでしょうか。最後に私自身が心がけてきたことを書かせてもらって、終わりたいと思います。ともにがんばりましょう。

① 「権威」にすがらない

②学生の変化に気づき見守る
③学生の失敗も受けとめ、共感する
④学生の関心事に関心を持つ
⑤自分を「偉い人」だと思わない

第10章

小学校、高校の実践

私自身は、小学校、高校教師の経験はないのですが、大学での私の受講生が小学校、高校教員になり、すごくおもしろい実践をしてくれているので紹介します。

この二人は、私が大学の授業で私が紹介した、「班ノート」や班活動などのとりくみを取り入れて、このかんクラスでもやってくれています。

今回、今年度のとりくみの一端を紹介してくれました。

1、小学校のこと＝Y先生（7年目）の実践報告

Kさんの場合＝3年生。やや自閉的で、前の学校にも馴染めないまま転入

Kさんは、2学期の11月初めに転入してきて、僕のクラスになりました。でも当初は登校をしぶり、母親とも連絡を取り合い、遅刻をしながらも、なんとか母親に付き添われて登校。しかし、Kさんは、母親のかげに隠れて、終始うつむき加減で、僕と目を合わせてくれませんでした。

当初は、僕が放課後Kさんの家に行き、いっしょに遊んだりする中で、少しずつです

が、話せるようになっていきました。でも、学校に来て遊ぶことはできず、Kさんの家の前の公園で遊んだりしていました。その結果、母親といっしょに学校に来て、別室で会うことができるようになりました。

しかし、学校に来ても保健室には行けるが、教室にはなかなか入れませんでした。

一方、クラスの子らには、Kさんのことをできるだけ話すようにしていたら、班の子らを中心に、保健室に行くってくれるようになり、Kさんとの交流が始まりました。

その頃の 班ノートより

女子数人でKさんと話す

Kさんのことですが、きのうのひる休み、何人かでほけん室に行き、しばらくみんなで話しました。さいしょは、お母さんもおられましたが、帰られたあとも、みんなでKさんと、いろいろと話しました。

そしてそのあと、班ノートを見せたら、Kさんは興味深く読み、自分も書きたいと言い、他の子らとのやり取りができるようになったのです。

班ノートでのやりとり

Kさん＝私のすきなことは、ドラゴンボールとゾイドのおもちゃです。
Eくん＝おれもドラゴンボールすきやで。教室に来てくれへんか。
Cくん＝いっしょに勉強したり、あそびたいな。

このような、まわりの子らの自主的な働きかけのなかで、3学期になると、Kさんの登校日も増え、次のような変化が出てきたのです。

①保健室で、何人かで給食をいっしょに食べる
②休み時間に、まわりの誘いに応じ、外でいっしょに遊ぶ
③教室の授業を、廊下から見に来る

そしてさらに、まわりの子らも男女関係なく、「今日もKさん来てる？」と気にかけて

くれたり、Kさんも家で母親に「学校楽しいから、明日も学校行きたい！」と言うようになっていったのです。

それからは、Kさんは少しずつ遅刻も減り、教室にも入るようになりました。また、母親の付き添いもなく、自分だけで登校するようになり、2月頃からは、教室でも自分の席に座って過ごすようになりました。

そして、学年末には、班ノートにこんなことも書いてくれたので、紹介して僕の報告を終わりたいと思います。

Kさんの学年末の班ノート

もうすぐ4年生も終わります。なんとなく、うれしいような、うれしくないようなきもちです。

それと、5年になったらクラスがえがあるらしいのですが、どうしてクラスがえするんですか？　いろんな人と知りあいになるためですか？　わたしには、わかりません。せっかく仲良しになった友だちとわかれるのはさみしいです。せんせい、わかりますか？

でも、組がかわっても、たぶんすぐに友だちはできるような気もするんで、がんばります。

せんせいは、そんなこと、組がえのとき、思いませんでしたか？

2、高校のとりくみ＝A先生（4年目）の実践報告

持病のあるBさんのこと

大学での私の元受講生で、今年度で4年目の高校教員のAくんが、班活動、班ノートを駆使して、すごくおもしろいクラスづくりの一端を書いてくれましたので、ここにそのまま紹介させてもらいます。

女子Bさんとクラス

1、持病の発作で「登校しぶり」に

僕は、大学の授業で学んだ「班ノート」や班活動などを取り入れて、このかんクラスづくりをしてきました。

それは今から3年前のことでした。

その年、入学してきたBさんは、彼女が住んでいる地区からは、本校に来ている生徒がほとんどおらず、知り合いや友達がいない状態でした。

一方彼女は、高校受験の勉強をしている時に、持病の発作で救急搬送されてから、精神的にかなり不安定になり、さらに入学式の前日にも発作が起こり、入学式を欠席することになったのです。

そんな中、一年生の新学期が始まったが、もともと友人がいないのと、入学式を欠席したこともあり、大きな不安を抱えたままだった。そのため、かろうじて来た日も、保健室で「学校に行きたくない」などと漏らしていたようです。

さらに追い打ちをかけるように、4月末に宿泊研修があったのだが、発作がいつ起きるかわからないという理由で、彼女だけ欠席したのです。

他の生徒たちは、宿泊研修をきっかけに仲を深めていきましたが、彼女だけが取り残される形となったのです。

班ノート開始！

そして、四月の中頃、班ノートを始めました。始まった当初は、それほど彼女に変化があるわけでもなかったが、時間が経ち班ノートが回るにつれ、少しずつ表情が明るくなっていきました。

それと僕は、班ノートと並行して班編成をしたのですが、彼女の班には、おとなしくても気遣いのできる子を配置したので、その効果もあったようです。

そして一学期が終わる頃には、Bさんは「学校に行きたくない」とは、一切言わなくなり、とても楽しそうだった。また、自分に発作が起きることも、一部の友人に自分から伝えていたのです。もちろん、欠席も顕著に減っていきました。

2生もBさんの担任に＝楽しかった台湾への修学旅行

僕は、気になっていたこともあり、2年生でもBさんの担任に持ち上がった。このようにして新しいクラスがスタートしたが、彼女は1年当初のようなネガティブな発言をすることはなく、どんどん新しい友達を作っていってくれた。また体育祭、文化祭などの学校行事にも積極的に参加していった。

とくに台湾への修学旅行の際には、旅行中に発作が起きたらどうしようか、とすごく心配していたが、いっしょの部屋の子にも、薬がどこにあるかなど伝えていたため、安心したのか修学旅行でも一度の発作もなく、終始すごく楽しく過ごしてくれました。

思えば、1年生の5月頃から欠席は少なくなり、2年生になっても、欠席数は1桁でした。

3年生でも担任に＝大学にも合格、社会福祉士の道へ

3年生ともなると、僕の不安をよそに、Bさんはとても楽しそうに学校生活をしてくれていました。生徒のクラス替えはあったのですが、それもすぐに馴染み、体育祭では応援団の衣装を製作し、すごく生き生きして、どこか自信にあふれ、なんと僕の体育祭用の衣装まで作ってくれ、すごくうれしかったです。

それと、それまで発作は起こってはいなかったが、3年生なり、受験のストレスから発作が起こるのでは？と心配していましたが、それもまったくなく、指定校推薦で、昨年9月には志望校大学に合格し、僕はほっとし、本人も本当に安心した様子でした。

このように、結局1～3年生と、ずっと彼女の担任をすることになったが、欠席したのは3年間でせいぜい10回くらいで、今思うと、みんなよくがんばってくれたなと思うし、1年生の時には考えられなかったことです。ぜひこの四月から始まる、福祉学科の大学生活を元気に過ごしてくれることを願っています。

班ノートより＝ペットについての意見交流

Bさん

今日は、うちのペットの話をします。飼っているのはハムスターで、その名も「ハムちゃん」！　独身のメスです。そして趣味が、「エサを貯めまくること」ことなんです。それも、大好きな「大福もち」なんです。これを食べる時は、目を閉じて、しっかり味わって食べる変なペットです。その上ねずみなんで、何でも食べるくせに、どんなことがあっても「ちりめんじゃこ」だけは食べないんです。

あと、日曜日なんかに、カゴを洗うついでに水（というより、ぬるま湯）の入った大き目の洗面器の中に入れると、あの超短足を懸命に使って、意外と上手に泳ぐんですよ。それに、一日の四分の三は寝ているんで、メッチャうらやましいです。

Cさん

Bさんが、ハムスターのことを書いてたんで、私もペットのことです。ところで私は、たいていの動物が大好きです。だから、Bさんがすごくうらやましいです。でも両親は、「死ぬとかわいそうだから」と言って、ペットは絶対に飼わせてくれません。

それでつい最近も、「バレたらどうしよう」と思いつつも、小猫をこっそり飼う、というより、家の近くにいる小さい野良猫にえさをやっていたんです。でも、2、3日もしないうちに親にバレてしまい、えらい怒られました。そして、その小猫もどっかに行ってしまいました。私はすごく悲しくて、一人で泣いちゃいました。でも今は、「アホちゃう?」と思われてもしょうがないかな、と思っています。

あとがき

人はどこから来て、どこへ行くのか？

お忙しい中、拙著をお読みいただき、本当にありがとうございます。

ところで、今回の出版に際し、自分の気持ちを突き動かしたのは、最近の子ども、学校（教師）をめぐる厳しい状況です。

具体的には本文に委ねますが、とにかくこの国（世界）を担うであろう「宝物（子ども・若者）」との関わりのなかで、「人として生きること、あるべき人類の姿、そして地球規模の視点での見方」など、かれらといっしょに考え、論じ、とりくんできました。

こうしている今も、コロナウィルスや異常気象（地球環境問題）、そして足元のわが国の混迷する「忖度と開き直り」の世相が連日のように報じられ、「なんて（自分も含め）人間はバカなことをするんだろう？」という思いがこみあげてくるのです。

「人は どこから来て どこへ行くのか？」。これが、自らの「テーマ」でもあります。「自分さえよければ」とか、「気の毒に……」だけの「遠まき文化」に浸ってしまわないよう、できるかぎり謙虚に、自分自身と社会に向き合っていければと念じています。

教育の原点とも言える「子ども力」（子どもの潜在能力や可能性）を育むことを己に課しながらとりくんだ「手さぐり実践」、そして拙い分析と問題提起ですが、何かのお役にたてれば幸いです。また、できれば本著に対するご意見やご指摘なども、遠慮なくいただければうれしいです。

最後になりましたが、今回の出版に際し、せせらぎ出版・山崎社長、そして途中いろいろと相談にのりアドバイスをいただいた諸氏に、心から御礼を申しあげます。本当にありがとうございました。

２０２０年４月吉日

小部　修（おべ　おさむ）

貿易商社勤務のあと、東大阪市、八尾市の中学校教師（英語）に。
退職後～現在　関西外大、大経大講師。
元　大教大、相愛大、同志社大などに勤務。

○各種プロジェクトやセミナー（講座、研究会など）を主宰
　「希望塾」（英語授業研）
　「Ｔプロ」（教育、教採セミナー）
　「SKY」（支援・教育・of Youth）
　「SOGID」（LGBTQ研）
　「せんせいの学校」（集団づくり、部活、同僚性など）
　その他
○講演、助言（校内研、各種教育・子育て研修会など）
○授業・集団づくり、いじめ・不登校問題、部活、LGBT問題等
○著書
　『輝け 中学生』（清風堂出版、日本図書館協会選定）
　『子育て・教育おもろいぞ』（法政出版、日本図書館協会選定）
　『これで安心子育て・教育』（フォーラムＡ）
　『格差社会のキャリア教育　－　君は君のままで』（春日出版）
　その他、共著、論文など
○サックス・尺八・篠笛、演奏活動
　2007年度ヤマハコンクール大阪地区大会グランプリ
　2009年～現在、演奏活動やCDをリリース
　2010年４月 プロデビューコンサート
【連絡先】
　〒577-0801　東大阪市小阪1-12-12-803
　携帯電話　090-3864-7675
　ラインID　obe70
　メール　obexiu@s6.dion.ne.jp

●装幀――大津トモ子

「子ども力」をひきだす学校づくり
－いじめ、不登校も必ず解決できる－

2020年 4 月15日　第 1 刷発行
2022年 3 月15日　第 6 刷発行

著　者　小部修
発行者　山崎亮一
発行所　せせらぎ出版
〒530-0043　大阪市北区天満 1-6-8 六甲天満ビル 10 階
TEL. 06-6357-6916　FAX. 06-6357-9279
郵便振替　00950-7-319527

印刷・製本所　株式会社関西共同印刷所

 ISBN978-4-88416-274-0

せせらぎ出版ホームページ　https://www.seseragi-s.com
メール　info@seseragi-s.com